イスラーム信仰叢書 4

イスラームの原点—カアバ聖殿

水谷 周 著

国書刊行会

写真１　聖マスジドとカアバ聖殿

周囲の照明、階段、小屋などは拡張のため今日すべて取り払われた。

写真２　カアバ聖殿内部と洪水（西暦1950年7月）

手前に黒石、右奥外にアルハティーム。

右手前は当時のザムザム給水所の屋根（西暦一九二八年建造）。

写真３　黒　　石

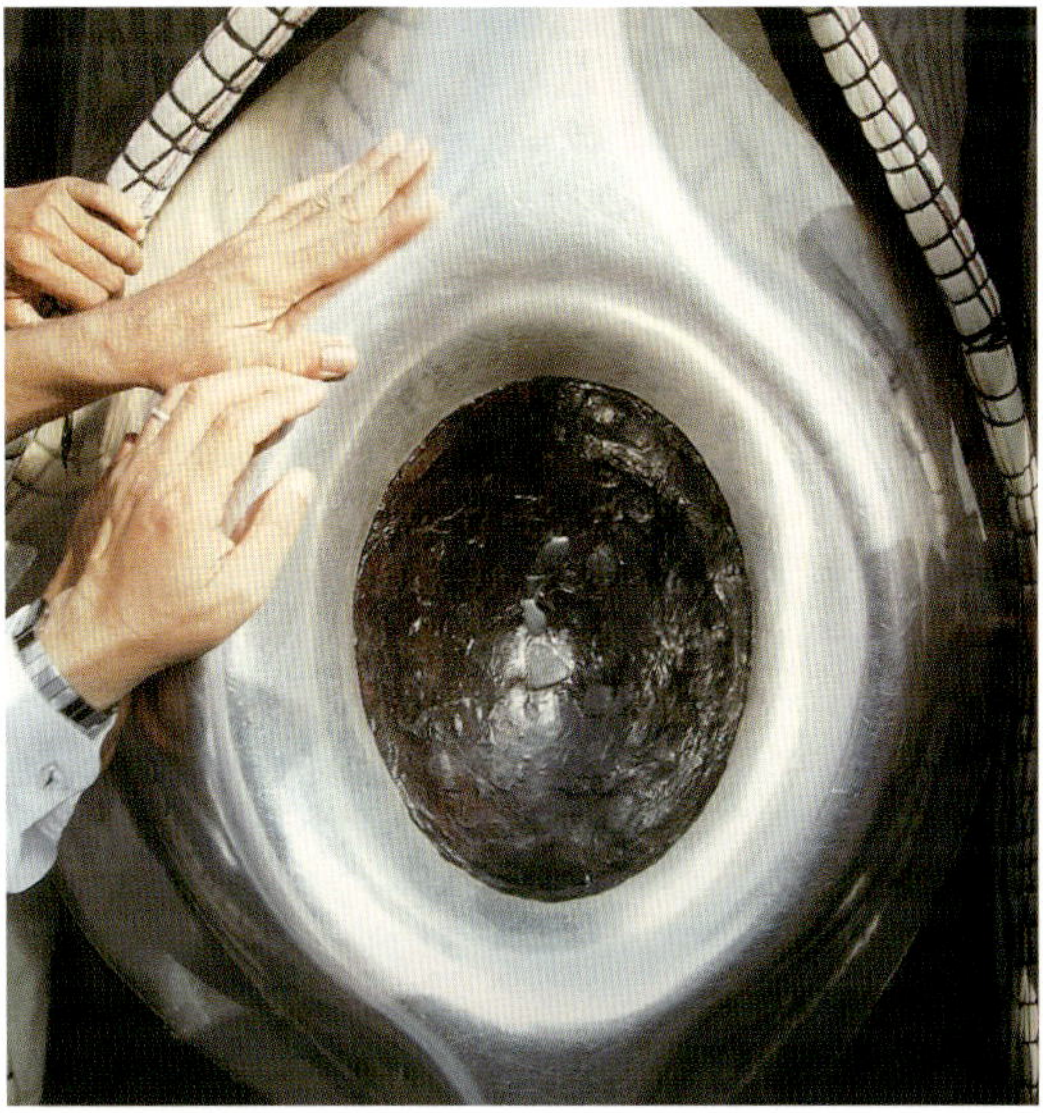

写真４　ザムザム水の源泉

３つある源泉の１つ。

写真５　イブラーヒームの立処（マカーム）と収納楼

足跡は水晶の入れ物（フランス製）の中にあるが、外からよく見える。

写真６　イスマーイールの囲い所（ヒジュル）と雨樋（ミーザーブ）

馬蹄形のハティーム（イスマーイールの囲い所の白い壁）。

イスマーイールの囲い所の上にある雨樋（ミーザーブ）。

写真７　覆い布（キスワ）

西暦1970年大阪万博の際、日本に寄贈されたキスワの一部（扉上部左側）。

マッカ郊外アジュヤード工場（西暦1928年建設）での刺繍作業。

写真8　扉と鍵

扉の布はカーテン（スィターラ）と呼ばれる。
その前で祈りと嘆願をする人たち。

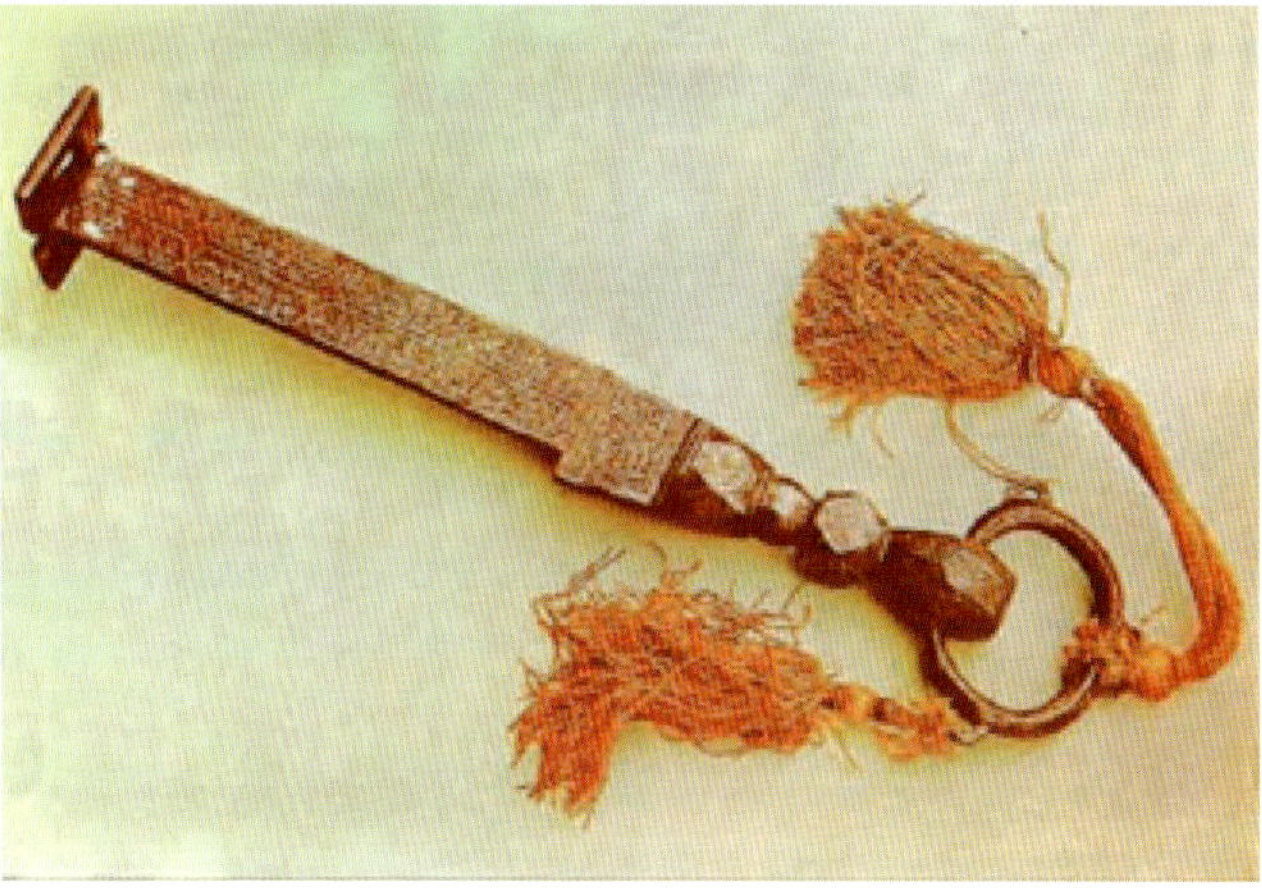

鍵と錠前はいろいろな様式が採用されてきた。

慈悲深く、慈愛あまねきアッラーの御名において

はじめに

黒い立方体のイスラームの礼拝所の写真を見ると、それは何か不思議な印象を与える。同時にそれは、信者でなくても畏怖の念を起こさせる存在ではないだろうか。長年接してきた著者にとっても、いまだにその感覚がある。

世界一三億に上るイスラームの信者は、マッカ（メッカ）へ向かって礼拝（サラー）する。そしてマッカ市内での礼拝は、カアバ聖殿に向かうことになる。また巡礼の際、現地での最初の儀礼はカアバ聖殿を七周回る回礼（タワーフ）である。また、たんにカアバ聖殿を目にするだけでも多大な功徳があるとされる。

さらに世界中のムスリムにとって、カアバ聖殿は信仰を誓約し、アッラーがそれを嘉《よみ》されるという契約更新の場でもある。黒石にはその立証のために二つの眼と一枚の舌があると言われる。このようなカアバ聖殿を精神的に解釈して、信者の心の中にもカアバはあると言われるのである[1]。

私はこれまで巡礼などについて記すたびに、カアバ聖殿については改めて正面から本題として取り上げたいとの思いを強くしてきた。その理由はそれが持つ宗教的、歴史的重要性ということだけではなく、この一つの建造物が持つユニークで雄渾な物語に魅せられた面も大きい。

そこで本書では、この聖殿をめぐる言い伝えや逸話も盛り込んで、その全体像を提示したいと考え

た。それについての多くの情報や諸事実に加えて、世界のムスリムが持っている、カアバ聖殿の見方やそれへの熱い思いも伝えられれば幸いである。まずイスラームのことは、イスラームに聞いてみようということでもある。

ただ本テーマは、アラビア語の文献においては、歴史上万巻の書物で扱われてきたものである。それらから直接多くを吸収するように努めたが、実際のところ道遠しであるのは、慙愧に堪えない。まさしく万能なるアッラーのご助力とご寛恕を祈念しなければならない。

注(1)　本書のアラビア語カナ表記については、次のとおり。定冠詞アルのアは前の単語と繋げられる時は発音されないが、本書では原則すべて表記した。また語末のターマルブータ（t音）は次の単語と繋げられる時は、ト、ティ、タと格変化して発音されるが、本書では原則的に表記していない。以上いずれのケースも当該の単語を続けて発音するかどうかは、状況により異なるからである。なお固有名詞や祈りの言葉など、発音が慣用化している場合の多くは、それに従ってカナ表記した。

二〇一〇年、ヒジュラ暦一四三一年十月

著者

目次

はじめに――1

1 カアバ聖殿への道

(1) アラビア半島の峡谷にあるマッカ――9
ア 自然条件と宗教的環境――9
イ マッカは「世界の中心」――15
(2) 聖地としてのマッカ――19
ア マッカの呼称――19
イ 聖地の性格とその範囲――24
(3) カアバ聖殿を擁する聖マスジド――31
ア 成立と発展――31
イ その功徳――34

2 カアバ聖殿の呼称

（1）さまざまな呼称 — 47

ア 語　源 — 47

イ 呼称一覧 — 48

（2）その日本語訳 — 52

3 カアバ聖殿の建造

（1）概　要 — 55

（2）天地創造と天使のカアバ聖殿創建 — 60

ア 天地の創造 — 60

イ カアバ聖殿の創建 — 62

（3）人類の祖・預言者アーダムと息子シャイスたち — 66

ア アーダムの聖殿建造 — 66

（5）預言者イブラーヒームとその子孫――71
ア　概　略――72
イ　諸説の補足――73
（6）諸部族の支配とカアバ聖殿再建――78
ア　概　略――78
イ　アマーリカ族――80
ウ　ジュルフム族――81
エ　フザーア族――83
（7）クサイユ・ブン・キラーブ一族と聖殿管理権――83
（8）アブド・アルムッタリブ――86
（9）クライシュ族――87
ア　エチオピア象部隊の聖殿攻撃失敗――87
イ　クライシュ族の聖殿再建――88
ウ　偶像と絵画――90
エ　諸説の補足――92
（10）アブドゥッラー・ブン・アッズバイル――95
（11）アルハッジャージュ・ブン・ユースフ――99
（12）スルターン・ムラード四世――102

ウ バーサラーマの指摘
ア サウジアラビア王国 —— 105
イ ファハド前国王以前 —— 106
ウ 地元政権の意義 —— 106
⑬ ファハド前国王の増改築事業 —— 107
　　　　　　　　　　　　　　　　　　　108

4 カアバ聖殿の事跡

(1) 黒　石 —— 122
(2) イブラーヒームの立処（マカーム）—— 129
(3) イスマーイールの囲い所（ヒジュル）—— 136
(4) ザムザムの名水 —— 145
(5) 覆い布（キスワ）—— 149
(6) 嘆願所（ムルタザム）と応答所（ムスタジャール）—— 155
(7) イエメン角、シリア角、イラク角 —— 156

5 カアバ聖殿の感動

- (9) 雨樋（ミーザーブ）——162
- (10) 扉——163
- (11) 金銀装飾——165
- (12) カアバ聖殿内部と入殿——166
- (13) 守護職（サダーナ）——173
- (14) 洗浄と香料——176
- (15) 宝物——178
- (16) 出来事——180
- (17) カアバ聖殿本体——182
- (18) 今はないもの：バヌー・シャイバ門と説教台——184

- (1) イブン・ジュバイル——194
- (2) イブン・バットゥータ——197
- (3) ムハンマド・フサイン・ハイカル——201
- (4) アフマド・アミーン——204

参考1　預言者の系譜 —— *211*

参考2　カアバ聖殿と預言者ムハンマドの礼拝 —— *216*

参考3　カアバ聖殿をめぐる逸話 —— *223*

参考4　マッカの呼称一覧 —— *227*

あとがき —— *233*

主要参考文献（アラビア語は解題付）—— *244*

索引　カアバ聖殿関連アラビア語用語 —— *250*

1　カアバ聖殿への道

まず初めに、カアバ聖殿への道行きで通過することになる、三つの過程を検討したい。それは、峡谷としてのマッカ、聖地としてのマッカ、そしてカアバ聖殿を中心に擁《いだ》く聖マスジド（モスク）の三つである。これらはカアバ聖殿に正しい理解を持って到達するための、三つの関門のようなものと言えよう。

（1）アラビア半島の峡谷にあるマッカ

ア　自然条件と宗教的環境

アラビア半島の全般は言うまでもなく、乾燥した砂漠である。しかしマッカのある西海岸沿いは、一四〇〇キロにわたるいくつかの連続した山脈によって半島内部とは仕切られた格好になっている。地質学的に見て、半島の西海岸沿いを走る山脈とそれを縫う峡谷は、今から七億から八億年前、火山から噴出した溶岩が固まった地層の上がえぐられて形成されたものである。砂漠と言うよりは、岩石に溢れた荒野、つまり岩漠が広がっていると言ったほうが早いだろう。このような自然環境は、人々の生活、ひいてはマッカ、そしてカアバ聖殿の歴史にも、少なからぬ影響を及ぼさざるをえなかった。

北緯二一度半、東経四〇度、標高二八〇メートルに、マッカはある。しかし古くより生活圏全体と

図１　聖地マッカの範囲見取り図

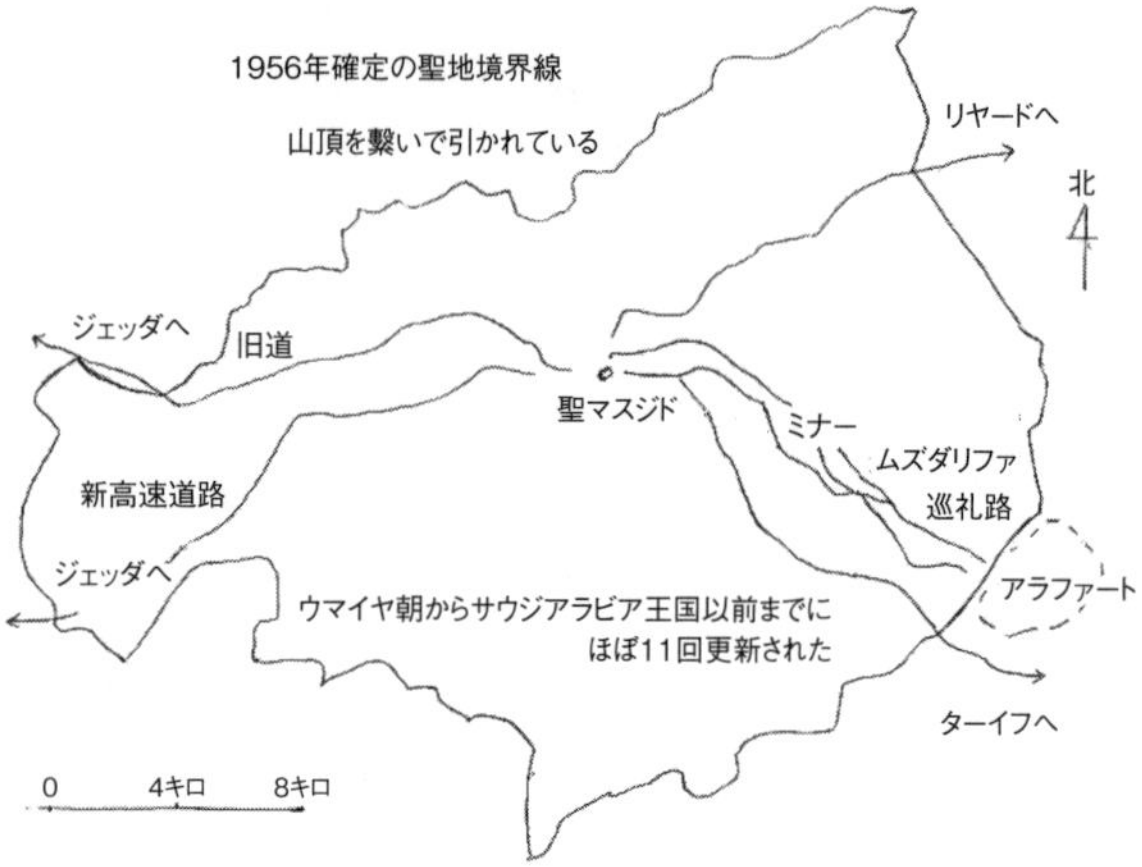
1956年確定の聖地境界線
山頂を繋いで引かれている
リヤードへ
北
ジェッダへ
旧道
聖マスジド
ミナー
ムズダリファ
巡礼路
新高速道路
ジェッダへ
アラファート
ウマイヤ朝からサウジアラビア王国以前までに
ほぼ11回更新された
ターイフへ
0
4キロ
8キロ

図２　聖マスジド見取り図

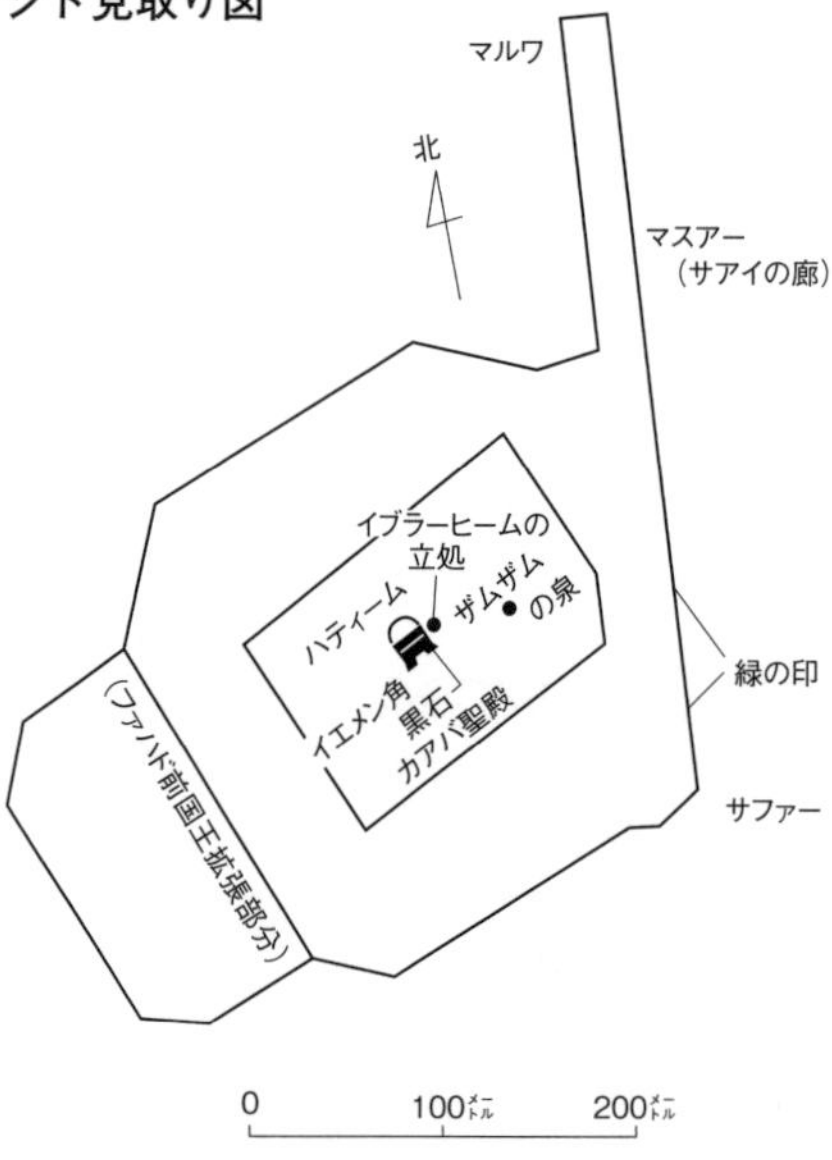
マルワ
北
マスアー
（サアイの廊）
イブラーヒームの
立処
ハティーム
ザムザム
の泉
イエメン角
黒石
カアバ聖殿
緑の印
（ファハド前国王拡張部分）
サファー
0
100メートル
200メートル

図3　預言者イブラーヒーム建造のカアバ聖殿（想像図）

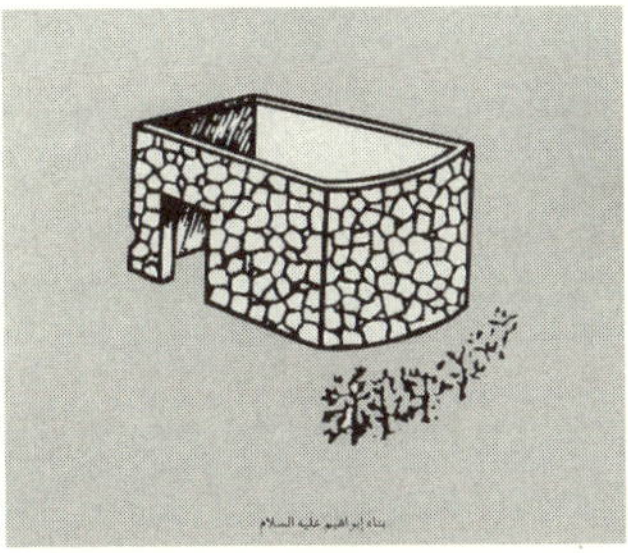

天井がなく、ハティームは中にあるので右辺は婉曲し、
戸口は地上に着いているのが特徴。

図4　カアバ聖殿見取り図

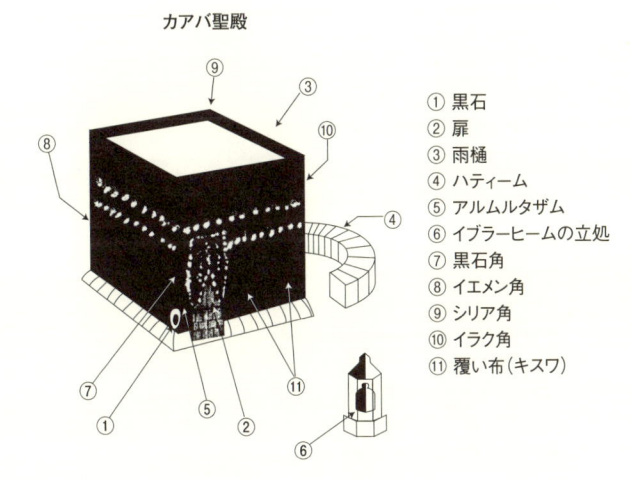

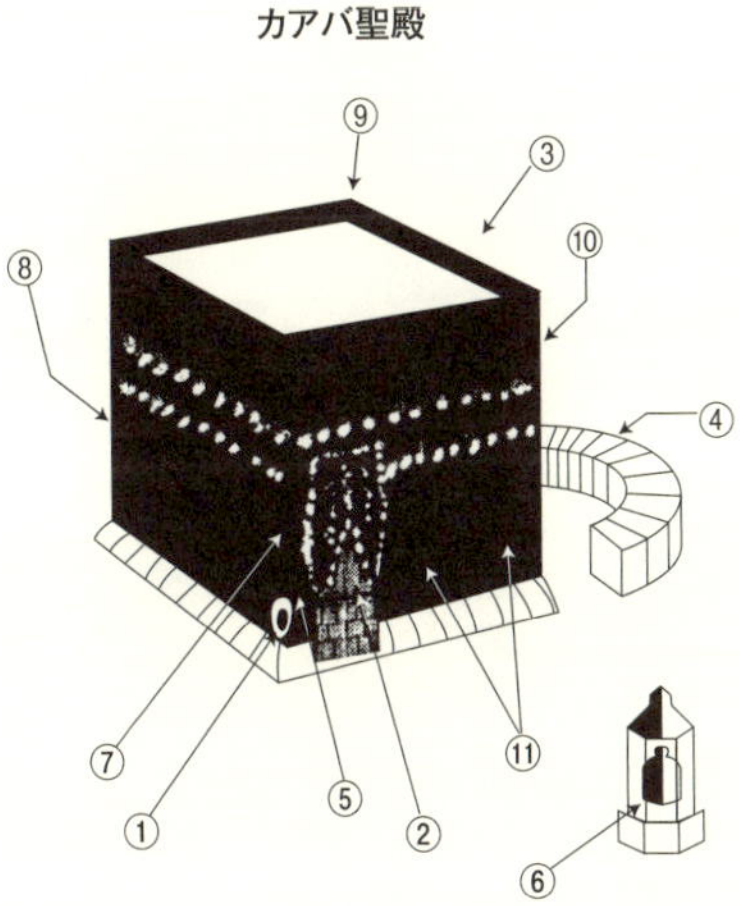

① 黒石
② 扉
③ 雨樋
④ ハティーム
⑤ アルムルタザム
⑥ イブラーヒームの立処
⑦ 黒石角
⑧ イエメン角
⑨ シリア角
⑩ イラク角
⑪ 覆い布（キスワ）

古くはシリア角を西角、イラク角をシリア角とも呼んでいた。

してのマッカは、町自体よりもはるかに広がって展開していた。マッカ周辺の考古学的な発掘調査により、紀元前約三〇〇〇年より人々が住みはじめたことがわかっており、約四〇カ所にそのような住居跡が確認されている。それらは必ずしもカアバの周りではなく、トワー峡谷やファッフ峡谷と呼ばれるマッカ周辺地域にもまたがって散在していた。マッカ一帯の温度は冬で一八度、夏は三〇度から四〇度くらいに上がり、かなり高温であるが、湿度は低く乾燥している。[1]

町としてのマッカは山に囲まれて、激しく傾斜している峡谷（ワーディーと呼ばれる涸れた谷）の底にある。そこはイブラーヒーム峡谷と呼ばれるが、冬の雨季には周囲から襲ってくる鉄砲水の恐れに常々さらされてきた。降った雨は乾燥して蒸発するか、そうでなければ地表を鉄砲水で流れ去るか、あるいは地下の伏流となり、各地に恵みのオアシスや泉として、地表の人間界に再登場するのである。

以上のような砂漠、あるいは岩漠と言えば、殺伐として無味乾燥な地帯であるというイメージしか持てないかもしれない。それは日本だけではなく、砂漠の環境からは縁遠かったヨーロッパの人々にとっても同じであり、彼らが一八世紀あたりから書き綴ってきたイスラーム関係の文章においても、そのような捉え方が直接間接に前提とされたのは不思議でない。

しかし実際のところ、半島の西海岸沿いの地帯はさまざまな人たちの生活の場であり、また東と西の文化や文明の交錯してきた地域でもあった。なかんずく、ここで特筆すべきは、宗教的に豊潤な生活とそれを支える社会が立派に存在していたことであろう。

第一にそこは、多数の預言者が輩出し、活躍してきた地域であることを再認識しておきたい。日本では一般には馴染みのない名前もあるが、ここでそれら預言者の系譜を一覧しておく。彼らの中で、いずれが実際に歴史的にいたかどうかは当面課題とはしていない。重要なのは、ムスリムはかような出来事があったと考え、またそのように考えるに足るだけの環境にあったという点である。[2]

人類の祖アーダムが近づいてはならない木に触れたため楽園を追われて、インドやスリランカなどを徘徊した後、シリア方面からやってきたハウワー（イヴ）に再び巡り合ったのは、マッカより南東約二五キロにあるアラファートの丘であった。それからアーダムはアッラーの命により、また天使の手助けを借りながら、カアバ聖殿を建造したのであった。

アーダムの息子である預言者シャイスらも、カアバ再興者に入れられることもある。

また預言者ヌーフ（ノア）はカアバ聖殿で礼拝したこともあった。その後大洪水になり、その方舟はカアバ聖殿のまわりを七周した。それから水が引きはじめたので、ユーフラテス川沿い、今のモースルの地点で地上に到着した。

「アードの民に遣わされた預言者フードは南アラビアに住んでいたと考えられている。サムードの民に遣わされた預言者サーリフは、アラビア半島中部からタブーク方面に住んでいた。[3]」

アードもサムードも偶像を並べる異教に惑わされていた民族である。

さらには純粋な一神教の預言者で、預言者の父とも呼ばれるイブラーヒームは、パレスチナ方面からやって来て、カアバ聖殿を再興した。

「またその甥で預言者であったルートもアラブの地に住んだと信じられ、（イブラーヒームの）息子イスマーイールはマッカを拠点とした。預言者シュアイブはアラブ人で、マドヤンの町の異教徒に遣わされたが、住まいはシリア方面にあった。啓示を受けた所としては、ムーサー（モーゼ）はシナイ山であったし、イドリースはアラビア半島で啓示を受けた。[4]」

ちなみにムーサーもイーサー（イエス）もカアバ聖殿での礼拝を勤めることができたとされる。

そして最後の預言者でありその封印である、ムハンマド・ブン・アブドゥッラーは、五七〇年頃、マッカに生まれた。その家のあった場所は、現在も聖マスジドの外で東北寄りの地点に残されている。

以上のように多数の預言者が輩出していたことに加えて、第二に宗教的に豊潤であった側面として特筆に価するのは、アラビア半島が古くから多くの宗教的被迫害者の避難場所であり、彼らをかくまう場所と見なされてきたという事実である。

「またアラビア半島は、古来ユダヤ教徒やキリスト教徒で迫害を受けた人たちの避難所ともなってきた。その背景としては、アラビア半島ではそれらを受け入れるだけの文化的文明的な環境にあったことを再認識しよう。しばしばアラビア半島は砂漠で何もない殺伐とした所との誤解が目立つ。またアラブの多神教徒たちはアッラーと同列の神々を認めたが、アッラーを排除していたのではなかったことも、ギリシアやローマの多神教徒とは異なっていた。[5]」

被迫害者が避難してくることに対しては、アラブ人が伝統的に持つ寛容さや、来客をもてなすという民族的慣習も関係していたのであろう。そしてそれは、なにも半島の西海岸沿いに限定されるものではないであろうが、陸路と海路の両方を使っての通商路になっていた同地帯は、被迫害者たちが往来しやすい街道であったと言えよう。

ちなみに預言者ムハンマドが六二二年、マッカからアルマディーナに聖遷（ヒジュラ）した時のアルマディーナには、文字どおりそのようなキリスト教徒やユダヤ教徒などが混在していたことは、よく知られている。

いずれにしても、以上の叙述から、アラビア半島が宗教の坩堝であった様子は十分窺えるのである。

イ　マッカは「世界の中心」

アラビア半島の砂漠地帯について日本や西欧で見受けられる風潮は、それは世界の端っこにあり、日頃は我々の意識の中にほとんどないか、たまたまあったとしても薄弱で風前の灯の如きものにすぎないということだ。ところがアラブでありムスリムにとっての認識は、そこはまさしく世界の中心なのである。

このギャップは大きい。以下では、世界の中心であるという感覚を、確かめながら一望することにしたい。

まず最近よく見聞きするのは、次のような自然地理学的な指摘である。

「その地点は、衛星写真で見ると諸大陸に分裂する以前の、まさに中心（注：アラビア語では『大地の臍』と称される）であったことがわかる。マッカは七大陸の中心にあることが衛星写真からよくわかる。[6]」

このような指摘は、最近サウジアラビア建国百周年を記念して出版された同国公式のマッカ史研究書でも言及されている。

「米国宇宙博物館（在ワシントン）にある、大陸が分裂する前の状態を説明するための移動パネルをよく見ると、アラビア半島、マッカ、そしてアッラーの家であるカアバが地球、そして大地の中心にあることがはっきりする。それは諸大陸に分割される以前の状況である。[7]」

さらには、異口同音であるが、次の発言もある。サアド・アルマルサフィーは、エジプト科学研究省天文物理学研究所の一九九四年発表の論文を引用しつつ、次のように言う。

「旧三大陸の外縁地帯（アジアではジャワ、ボルネオ、マニラ、台北、北九州、サハリン、ケープタウン、アイスランドなど）とマッカの間は、平均八〇〇〇キロで最後の三つの地点を除いて、すべて右距離の誤差は八％程度である。また新大陸の三地点（ウェリントン、喜望峰、北アラスカ）をとってもほぼすべてマッカからの距離は、一万三〇〇〇キロで、誤差は二・五％程度である。諸大陸への分裂以前を考えると、マッカはまさしく世界の中心にあったのだ。

なお古い地図でマッカを中心とした世界の諸国分布図があるが、黒石を東とし、カアバ聖殿のイエメン角を南として方向を定めていたことがわかる（注：したがってカアバ聖殿を四角のダイア状に見て方向を定め、世界の中心にカアバ聖殿を置いていることになる）。[8]」

大地の分布の様子だけではなく、さらには次の指摘も聞かれる。

「科学調査によると、マッカは地球の電磁波がさまざまに出されている中心であり、そこから同心円状に電磁波が記録される。[9]」

このような発言内容は南極と北極が磁場を形成していることとどのように整合性を取るのかは、ここでは問わない。引用の趣旨は、かような発言があるということの指摘であるからである。

以上のような、いわば自然科学的な発想とは別に、イスラームに関しても、それが世界の中心であるという感覚は濃厚である。そしてこの感覚は、イスラームの本質を理解することに直結する基本的な要素と考えられる。

イスラームの教えとして、もともと自らが森羅万象のあらゆる物事の中心にあるという認識が非常に強く、この中心性に大きな意義を見出し、また価値を付与する発想を持っていると言える。もちろんこれはなにもイスラームだけではなく、いわゆる中華思想はその典型であるし、ヨーロッパ中心主義もあるので珍しくはない。しかしここで特筆したいのは他との比較ではなくて、この中心性重視の思想は、イスラームのさまざまな側面でも見出しうるし、そのような状況であることへの理解は、イスラームの特質理解そのものに結びつくという点である。[10]

たとえばイスラーム共同体は人間にとって最善の社会であるが、それを指して中庸であり中間であると言う。

「このようにわれは、あなたがたを中正（中間）の共同体（ウンマ）とする。」（雌牛章二・一四三）

中庸であり中間にあることは、社会政治的な公正さ、日頃の道徳的な作法や心構えなどの面でも強調される徳目となっている。アラビア語の諺で、「物事の最善は、真ん中にある（ハイル・アルウムール・アウサトハー）」と言われるが、これが日常感覚としても人々の生活に浸透しているのだ。

そしてなんといっても中心性重視は、日々の礼拝においてムスリム全員が一つの方向に向かうことに表される。何が中心になるのか。その中心は聖マスジドであり、またその中心にあるのがカアバ聖殿なのである。[11]

またムスリムとして五つある義務的な勤行の一つに挙げられる巡礼の中で、その最初の行程となっているのは、他でもないカアバ聖殿を中心としてその周辺を七周回る回礼（タワーフ）である。巡礼終了後、最後の別れとして帰国前に義務的儀礼となっているのも、このカアバ聖殿で御七度を踏むことである。[12]

以上により、ムスリムのいわば世界観として、アラビア半島、中でもマッカとカアバ聖殿はその中心を占めているという点は明らかになったであろう。それは彼らの誇りの源泉となっている。そしてそれは時には、外の世界から見ると彼らの自画自賛と見えるかもしれない。しかし大切なことは、かような世界観である点をしっかり外の世界からも把握し、しかもその世界観は、クルアーンという絶対主アッラーの言葉に依拠しており、ムスリムにとっては揺るぎない根拠にもとづいているという事実である。

ここでさらに一つ付言すると、マッカとその周辺は世界初の事柄に満ちている場所である。地上初の「家」（カアバ聖殿）が創られ、地上初の町（マッカ）や地上初の山（近郊のクバイス山）も創られ、また人類の祖アーダムが地上に降り立ち、初めてハウワーと再会しまた生活し巡礼し、さらにはそこで埋葬された場所である。つまり聖地マッカは人類の歴史の原点の舞台となったということになるのである。

この意識が、イスラームには非常に強く息づいている。

言い換えれば、「世界の中心」であるということは、確かにしきりにムスリムが語り書き綴っているが、同時に表裏一体の事柄として、それは世界史の原点であると言っていることにもなる。そして聖地としてのマッカであり、カアバ聖殿はこの原点感覚を具現しているものだと言えよう。

（2）聖地としてのマッカ

イスラームの歴史全体を通じて、マッカの町は他のあらゆる都市とは全く別格に扱われてきた。そのことはマッカを呼ぶ際には通常、形容詞の「尊崇の（アルムカッルラマ）」が付けられて、「マッカ・ルムカッルラマ」とされることからも明らかだ。以下、このマッカの格別の性格、換言すれば、聖地としてのマッカを取り上げたい。

なおマッカをめぐる情報は、ほとんど際限ない。その中には、聖地であるのに土地を売買することや家の賃貸借は許されるのか、というイスラーム法上の問題もある。またさまざまな出来事や支配者などの歴史的事実関係、市内の出入りに使用する門に関する記録、その面積、周囲の山々の話、日々の取引の市場の活動、古来諸部族間で競われた有名な詩作コンクールの話、イスラーム以前に並べられた偶像の話などなどである。しかしこれらはマッカ史の諸側面ではあっても、本書の直接の課題ではないので必要な範囲で言及するにとどめる。

ここで改めて強調すべきは、マッカ史全体を見回しても、結局その中で一貫して一番主要な部分は、カアバ聖殿史そのものと重なってくるということである。またそれがムスリムの意識であるとも言えよう。

ア　マッカの呼称

マッカはその悠久たる歴史と人々の思い入れの強さがあいまって、マッカという一つの名称に止まらず、実に多数の呼称そして愛称が使われてきたし、またそれらを収集することも多くの人たちが好んで行ってきたことであった。

このようにマッカ、それとアルマディーナには飛び抜けて多数の呼称があるということからだけでも、この二つの都市は他のどこと比較しても全く別格扱いされてきた事実が浮き彫りになる。目を見張るばかりにある多数の呼称から、マッカを取り巻く熱気が十分窺えるのである。

今日現在では、六〇以上も記録にある中でも一般に最も広く使用されるマッカの別称は、ウンム・アルクラー（諸都市の母親）である。以下は少し煩瑣で、また歴史的に古くなって今日では使用されないものも含むが、記録に残された呼称全体を整理したものである。典拠としては、アルファースィー（ヒジュラ暦八三二年没）の書で『聖地情報の飢えを癒すこと』という名実ともに充実した、この分野の百科事典的な文献に従った。[13]

(ア)　クルアーンには次の八個の呼称が出てくる。

●「マッカ」の動詞形（マッカ）は「（異教徒を）追い出す」、「（人々に）仕事させる」、「（人々を）惹き付ける」、「水が少ない」などの異なる語義が元来はあった。

●「バッカ」の動詞形（バッカ）は、「叩く（ダッカ）」、「（人が）混雑する」などの語義が元来はあった。あるいはカアバ聖殿の守護のために、そこに住まわせられた蛇が侵入者の首を絞めた（バッカ）ところから来ているとも言う。

バッカとマッカの区別については次のように説明される。

「両者は地名として同義であるとする者と、異なるとする者がいる。前者の同義だとする者の中には、ただそのように言う者（アッダッハーク、アルムヒッブ・アッタバリー、アルマーワルディー）もいれば、バ音とマ音は交換可能だからだと言う者もいる（イブン・クタイバ）。

両者は異なるという後者の説を取る学者の中にもまたいくつも異説がある。バッカはカアバ聖殿を指しマッカは町全体を指す（イブラーヒーム・アンナフイー）、バッカはカアバ聖殿を指しマッカは聖地全体を指す（ヤハヤー・ブン・アビー・アニーサ）、あるいはバッカは山の間を指しマッカは聖地全体を指す、とする者がいる。またバッカはカアバ聖殿と聖マスジドを指しマッカは近隣のズー・トワーの地点を指す（ザイド・ブン・アスラム）、あるいはバッカはカアバ聖殿を指し、マッカはその周辺全体を指す（ムジャーヒド）などの見解に分かれる。

以上すべてはアルアズラキーの史書に出ている。しかし定説はなく、アッラーのみがご存知である。[14]」

●「ウンム・アルクラー（諸都市の母）」の語義は、マッカが一番偉大だから、あるいは、それが一番進んでいるから、さらには、それが礼拝の時に向く（ウンム）方向だから、といった説に分かれている。

●「アルカルヤ（村）」の語根のカラーには、人が集まるという意味がある。

●「アルバラド（町）」のバラドには、筆頭という意味があるので、諸都市の筆頭の意味である。

●「アルバルダ（一つのこの町）」はマッカを指すとするものと、クルアーン解説上、これはミナー（注：マッカの東約一〇キロ地点にある巡礼の際の逗留地）を指すとする説もある。

●「アルバラド・アルアミーン（安全な町）」

●「マアード（帰る場所）」

以上八個の呼称がクルアーンに記載されている。

(イ)　次にクルアーンには出てこないマッカの呼称をいくつか見てみる。

●偶像崇拝者や聖殿の侵入者を追いやる意味から来たもの——アルバーッサ（潰される）、アンナーッサ（追放する）、アンナッサーサ（いつも追放する）、アルハーティマ（破壊する）など。

●マッカが不浄でなく清浄であり、また禁則が遵守されることから来たもの——アルカーディス（聖的）、アルカーディサ（聖的）、アルムカッダサ（聖なる）。

●命名の理由がわかりやすいもの——サラーフ（安全）、アッサラーム（平安）、アルアルシュ（玉座）、アルアリーシュ（小屋、注：預言者イブラーヒームが妻ハージャルと一緒にマッカに到着した時、彼女に聖殿の崩れた後の土の盛り上がりを指して、それを小屋のようにして休むようにと言ったとされる。ただしそのときはまだ聖殿跡であることはわかっていなかった）、クースィー（ミナーにある山）、ウンム・アルクースィ（クースィー山の母）、アルハラム（聖地、あるいは禁忌の地）、ウンム・ルフム（慈悲の母）、ウンム・アッラハマーン（最大の慈悲の母）、ウンム・アッラウフ（新鮮さの母）、ウンム・ザハム（混雑の母）、ウンム・スブフ（朝の母）、アッラアス（頭）、アルマッカターニ（町の高所と低所という意味で二つのマッカ）、アンナービヤ（遠い）、アッリタージュ（門）、アルワーディー（峡谷）、タイイバ（薫り高い）、アルマスジド・アルハラーム（聖マスジド）など。

●アルバイト・アルアティーク（太古殿、古来の家、あるいは〔強者から〕解放された家）はカアバ聖殿の呼称と混同されている。

●バッラという呼称も記録に出てくるが、その原義は不明。

（ウ）　なおマッカの呼称について話を閉じる前に、日本語訳上の課題を一つ提示しておきたい。つまりアラビア語として「聖地マッカ」と言うときの「マッカ」は町を指し、日本語訳として「聖地マッカ」と言うときには「マッカ」は聖地全体を指していると見られるという、微妙な違いについてである。

アラビア語で「聖地マッカ」という際は名詞を二つ続けて、ハラム・マッカと言うか、アルハラム・アルマッキー（さらに形容する時は、アッシャリーフ（誉高き）を最後につける）という形で、マッカを形容詞としてハラムを修飾する形にするかの、いずれかである。そのいずれの意義も、「マッカの聖地（禁忌の土地）」と理解されるので、このアラビア語の場合、マッカは聖地全体よりは町を指していることがわかる。またそれがアラビア語の原義でもある。

ところが日本語で「聖地マッカ」と言う際には、町そのものよりはおそらく聖地全体を念頭に置いていると解される。日本から遠い存在であるマッカについての意識が、そもそもはっきりしていないからであろう。このようにマッカそのものの意味の取り方において、上に見たアラビア語の用法とは微妙な齟齬が生じているということになる。

他方で以上の齟齬に関わらず、日本語として「聖地マッカ」という用語は慣用的に定着していると思われる。したがって、以上のようなアラビア語との微妙な差を認識したうえで、「聖地マッカ」の用語のままで先に進めることとしたい。

イ　聖地の性格とその範囲

（ア）性　格

次いでは、マッカの町とその周辺は聖地であるとされることについて焦点を絞って述べたい。これこそはまさしく、マッカの格別な性格を示す究極のポイントである。

●イスラームにおける聖地

ところでここに聖地と言う時のイスラームにおける性格を、キリスト教あるいは日本の宗教的伝統との対比で、誤りなく把握しておく必要がまずあると思われる。

とくに日本では、聖なるものは特定の場所や物などであり、神や仏との関係で特種なあり方を設定あるいは想定し、そこでは人の常ならぬ所作や作法を要求するものである。そこまではイスラームでも同じで、アッラーとの関係で聖地では一切の不信仰の行状はありえず、一定のタブーとなる事柄（戦闘や人の殺傷、狩猟、樹木の伐採、落とし物の無断拾得などが主な内容）が予め定められているので、人の常ならぬあり方が要求されると言える。

しかし比較対象としての日本のケースと明らかに峻別しなければならない点がある。それは、当該の場所や物に対して、あるいはそれらを通じて、アッラーが人の前に現れるとかアッラーの意思が伝えられ、あるいはその声が聞こえるといった、いわば擬人感覚は全くないという点である。

今一つ違いが出てくる点は、少なからぬ預言者ムハンマドの真正な伝承で確認されるように、イスラームの聖地はアッラーが天地創造の日に定められたものであるので、人に是非善悪を論じる余地がそもそもないということである。

「アッラーはマッカを不可侵なものとされた。[15]」

あるいはそれと同義だが、次の言葉も伝えられている。

「アッラーのみ使いは、マッカ征圧の日、次のようにいわれた。……『アッラーは、この町を、天地を創造なさった日に聖なる町と定められた。それ故、この町が最後の審判の日が到来するまで神聖なることは、アッラーによって保障されているのである。……』と。[16]」

したがって、日本の神社仏閣のように人の意思で新たに設けたり廃棄したりすることはできないのである。

ちなみに世界中に広まったイスラームの礼拝所であるマスジドは静粛にすべき厳粛な場所ではあっても、イスラーム法上も神学教義上も一切神聖視されることはない。

アッラーはあくまで人からは超然たる存在である。そして聖地も被創造物としてこの世に存在する物であることは、他の一切の存在物と何ら変わりないのである。カアバ聖殿の中に、何か手も触れられないような神聖な秘蔵物でもあるといった感覚が少しでもあるとすれば、それはイスラームからは最も遠いものである。

この地上において被創造者である人間がアッラーに服従し帰依する証であり、それをさらに増進するために礼拝をする、そのための平安なる場所として指定され、特定されたところが聖地と見なされている。それがマッカの町とその周辺一体と定められているのである。

●聖地での功徳と罪悪

聖地マッカの中での功徳は多大で、一方悪行に対する罪は通常でないとされる。以下において今一度、アルファースィーの著に拠って見てみる。[17]

まず功徳に関しては、次節の聖マスジドの功徳と大半は重なっているので、それに譲る。

後者の悪行と罪科については、聖地内での罪悪は他の場所で同じことをするよりも罪が深くなるとされている。クルアーンには次のようにある。

「そこ（マッカ）の居住者であろうと、外来者であろうと凡て、われが人々のために建立した聖なるマスジド（に入ること）を拒否する者、そしてその中で神聖を犯し不義を企む者には、われは痛ましい懲罰を味わせるであろう。」（巡礼章二二・二五）

この一節を多くの学者は、通常ならば悪事を行わなければ仮にそれに関心を払っても罪を問われることはないのに、聖地内ではそうはいかないと解説している。また悪事を思い浮かべる者には、戦利品が与えられないともされる。[18]

また第二代正統ハリーファ・ウマルの言葉として「マッカの人よ、食料を独占して売りつけることは不信仰に等しい」、あるいは、「他で七〇の誤りをしても、それはマッカでの一回の誤りよりもましだ」といったものが伝えられている。[19]

エジプトを征服したことで知られる、アムル・ブン・アルアースは、「聖地での不信仰は、召使の不正だ（注：不正〔ズルム〕は厳罰もの）」と言った。

また聖地内の禁忌を犯してしまったらどうなるのかは、イスラーム法上の問題となる。アルファースィーが展望した範囲で、法学上の諸側面を見てみよう。

意図的であれ錯誤であれ人を殺めたならば、通常の罰金の三分の一が追加されるとする（ハンバリー学派、シャーフィイー学派）。しかしこれも細かくは、三分の二であると言われるなど、諸説あるとされている。

不信者は聖地に入れない（シャーフィイー学派）、不信者でも住み着かないのならば入れる（ハナフィー学派）、商売などで居住のためでなければ入れる（マーリキー学派）といった議論もある。今日現在、実際にはムスリム以外のマッカへの出入りは禁止されている。

不信者の聖地内での埋葬は禁止されている。[20]

聖地内の土壌や岩石をその外に持ち出したり、掃き出したりすることは禁止されている点は、多数の学者が一致している。逆に外から持ち込むことも禁止されているが、持ち出すほうが重い罪となる（ハンバリー学派）。[21]

マッカ住民は巡礼者に対して、その住まいを逗留のための宿として提供する義務があるとされる。[22]したがってそれに違反する者には罰則が科されるということになる。

以上ではまだまだイスラーム法学上の論点、あるいは争点を尽くしたとはいかない。たとえば、清浄さの堅持、礼拝の方法など、法学上の基本的な諸点すべてに関係し、しかもいずれの部分についても、マッカにおいては最も厳格な適用が求められるのは自然である。

しかしイスラーム法学そのものの検討はここの課題ではない。また以上にて聖地の性格として本質的なところは把握できたと思われるので、本書の眼目はこれで達したものと言えよう。[23]

（イ）　場所的・時間的範囲

●場所的範囲

アッラーがマッカ周辺に禁忌の掟を遵守する地域を設定されたが、その場所的な範囲の決め方について、異なる三つの解説が行われている。

第一は、アーダムが地上に降りた時、悪魔の脅威から逃れるためにアッラーに防護をお願いしたので、アッラーは天使たちを遣わされたが、その際に天使たちがマッカを中心にして守備についた範囲が聖地の範囲だとするものである。

第二は、預言者イブラーヒームがカアバ聖殿を建設した時に、預言者ヌーフの時の大洪水から近くの山に避難させられていた黒石を天使がもたらしたが、その際に黒石の光が届いた範囲が聖地の範囲となった（注：黒石は元来白色で光っていたとされる）。

第三は、アッラーが次の呼びかけをされたことがクルアーンに出ている。

「それからまだ煙（のよう）であった天に転じられた。そして天と地に向かって、『両者は、好むと好まざるとに関わらず、われに来たれ。』と仰せられた。天地は（答えて）、『わたしたちは喜んで参上します。』と申し上げた。」（フッスィラ章四一・一一）

この呼びかけに対して応じた地としては、マッカ周辺しかなかったが、それが聖地となった、とする説である。

以上三つの解説に対して、アルファースィーは一切優劣や判断めいた言葉は使わずに、それぞれの見解を開陳した人たちの氏名を挙げているだけである。ちなみにこれらの人たちとは、マッカの呼称を収集していた人たちとほとんどが重なっている。アルファースィーの諸論併記の発想は、それすなわちいずれの見解をとっても、ムスリムとしては大きな違いがないことにもとづいている。[24]

ところでこの範囲を実際に定めて、禁忌を実行に移さないと全く意味がないが、この境界線引きの努力が歴史上連綿と続けられてきたのであった。以下に手短ながら、その歴史的推移を振り返って見ておきたい。[25]

アッラーは信者の帰依の行為を安全ならしめるために聖地を設けられたが、預言者イブラーヒームがその標識を設置した初めとなった。それはイスラーム以前にも幾度か継続されたが、六三〇年、預言者ムハンマドがマッカを征圧した際に、改めて設置の命令が出された。その後、第二代正統ハリーファのウマル（六三八年）、第三代正統ハリーファ・ウスマーン（六四六年）、そしてウマイヤ朝第一代ハリーファ・ムアーウィヤ（六六八年）が更新した。

その後も支配者はいつも標識を整備するにやぶさかでなく、ウマイヤ朝以来、サウジアラビア王国が成立するまでに合計約一一回、平均すると各世紀ごとに更新されてきた。

サウジアラビア王国建国後、アブドゥルアジーズ国王は一九二四年以降、再び確定・設置作業にかかり、サウード国王も一九五六年、確定作業を継続した。またハーリド国王はいくつかの標識の更新を命じ、またファハド前国王もそれを続行した。

こうしてほぼ全面的に整った姿となったが、それはマッカを中心に東西南北それぞれ約一〇キロを囲む形となっている。一般にこの範囲は、アッタンイーム（マッカ北方一〇キロ）、アダーフ（マッカ南方一二キロ）、アッジウラーナ（マッカ東方一六キロ）、ワーディー・アンナフラ（マッカ北東一四キロ）、アッシャムスィー（マッカ西方一五キロ）の五つの地点で囲まれる。[26]

以上のような具体的な規定がクルアーンにない以上、預言者の伝承や慣行などを手がかりに、諸学者の膨大な議論を経て確定せざるをえなかった。しかしここではこれらの詳細な議論は、本題から相当外れることになるので割愛せざるをえない。[27]

●時間的範囲

次に時間的な範囲について、聖地マッカは預言者伝承に見たように、「最後の審判の日まで」恒常的に聖地と見なされる。いつ最後の日がやって来るのかは、突然に来るとしか説明されない事柄であるが、いずれにしても人がこの世で生きている間は、間違いなく聖地マッカは聖地でありつづけるのである。

この点はイスラームの巡礼の際の聖域とは異なっている。巡礼の聖域は、大巡礼か小巡礼かを問わず、巡礼実施の時に限って禁則を遵守する必要が生じるのである。

なお補足的であるが、巡礼の聖域と聖地マッカとが混同されないために、ここで時間的違いに加えて、彼我異同の内容をさらに少々敷衍して整理しておこう。

まず禁忌の内容は、巡礼の場合のほうがはるかに多岐にわたる。聖地マッカとしての禁忌の内容は、アッラーとの関係で聖地では一切の不信仰の行状はありえず、また一定の事柄（戦闘や人の殺傷、狩猟、樹木の伐採、落とし物の無断拾得などが主な内容）がタブーとされるのは既に見た。それらに加えて、巡礼の際の禁忌には、巡礼衣を身に付ける（ただし女性は全身を覆う普段着で可）ことから始まり、髪や爪を切ってはならない、結婚はしない、性的交渉を断つ、香水の禁止などが含まれる。

また場所的な範囲は巡礼の場合、聖域ははるかに広がり、マッカ北方であれば四〇〇キロほど離れたところに境界線が引かれるが、それは預言者ムハンマドの慣行に基礎を置いている。

なお預言者ムハンマド以前には聖地マッカと巡礼の際の聖域は同一の広がりであったのを、彼が西暦六三二年、最初にして最後の大巡礼に際してそれを拡大したということになる。[28]
ただし、なぜ拡大したのかについての解釈論はあまり見受けられない。預言者にとって最初で最後の大巡礼に際して広い地域から多数の巡礼者の同行を募る意図があったとも考えられる。しかしそのように一時的な配慮よりは、より本質的にイスラームにおいてそれだけ巡礼という勤行が、従来よりも重視されたと見るのが素直なところと言えよう。

（3）カアバ聖殿を擁する聖マスジド

成立の順序としてはもちろんカアバ聖殿が先で、その周辺に聖殿を守る形で徐々に形成されたのが、聖マスジド（アルマスジド・アルハラーム）である。ただカアバへ赴く人にとっては、足を運ぶ順序は逆に聖マスジドから入ることになるので、ここでそれをカアバ聖殿本論よりも先に取り上げることにする。

ア　成立と発展

カアバ聖殿が創建されて以来、そこでは樹木を切ってはならない、狩をしてはならない、そして暴力行為は慎まねばならないという禁則を伴う聖地と見なされてきた。しかし当初は聖殿が単独に立てられ、その周辺は土壌がむき出しになっていた。

当時は、現在もある預言者イブラーヒームの立処の地点だけで礼拝していたのが、人数が増えて西暦七世紀末ウマイヤ朝マルワーン一世の時代には、カアバ周辺を取り巻く形になってきた。その形で初めて礼拝を取り仕切った人物として、ハーリド・ブン・アブドゥッラー・アルキスラーという人の名前が残されている。

こうして周囲を囲むように家などの建物が並ぶようになってきたが、その当時からの慣わしに二つあった。

一つはカアバ聖殿に崇敬の気持ちを表すために、マッカでは四角い家は建てたがらないということであった。その掟を破った人物は、ハミード・ブン・ズハイルと言い、クライシュ族はそのような輩は死ぬような目にあうと罵ったそうだ。二つ目には、カアバ聖殿よりも高い家は建てないということである。これも聖殿に敬意を表して、それを上から見るようなことにならないためであった。[29]

こうして家が立ち並んでくると、聖殿の周辺の境内の広場もマスジド内としての規則を遵守する場所となり、カアバ聖殿を含む全体が聖マスジド（アルマスジド・アルハラーム）として成立することとなったのであった。

周囲の建物の多くはクライシュ族の家であり、また有名な建物として聖マスジドの東側にダール・アンナドワがあった。これは一族の集会所の役割を果たし政治や行政の中心ともなり、その管理の職責はシャイバ家専属のものとなっていたが、建物は現存しない。またダール・アルアルカムと呼ばれるところは、預言者ムハンマドの聖遷以前は迫害からその身を隠すところともなったが、マッカ征圧後はイスラームの学校として活用された。この建物は東側のサファーの方面にあったが、これも現存しない。

アッバース朝マッカ史家のアルアズラキーが活躍した当時、聖マスジドは南北の長さ約一五〇メートル、東西の長さは約二〇〇メートルとあり、通用門の数は二三個数えられている。また、ミイザナ（礼拝を呼びかける塔）は四本とある（注：現在は三〇以上の門、九本のミイザナ）[30]。

　こうしてアッバース朝時代に本格的な建設が始められたが、一二世紀のアイユーブ朝や後のマムルーク朝時代には諸学校の建設が盛んになった。そしてオスマーン朝下では、聖マスジド出入りのための多数の門が敷設された。

　このように幾世紀にわたる継続した作業を経て形成された聖マスジドであるが、歴史上規模的に最大の拡張工事が一九九六年、ファハド前国王の下で遂行された。南側に張り出した回廊とその上に屋上階を設けて、一度にほぼ倍増の合計一〇〇万人の礼拝が可能となった。

　聖マスジド全体の歴史は微に入り細をうがつ記録があるが、その全貌は本書の範囲を超えている。以下にはその一端として、マスジドで主要な役割を果たす説教台（ミンバル）に多少焦点を当ててみよう。

　聖殿入り口の戸口に向かって、その側に設けられるミンバルは、ウマイヤ朝第一代ハリーファ・ウマイヤ一世が三段のものを設けたのがその初めであった。それまではいつもカアバに沿った地面に立って説教が行われていた。その後、アッバース朝第五代ハリーファ・ハールーン・アッラシードの時に、九段のエジプト製螺鈿細工のミンバルが導入され、その際古いミンバルはアラファートのほうへ持っていかれた。

　その後、聖マスジドにおいて四法学派の礼拝導師（イマーム）が立つ場所が逐次定められてゆき、シャーフィイー学派はイブラーヒームの立処の後ろ、ハナフィー学派はイスマーイールの囲い所の側、マーリキー学派は西側の一辺、ハンバリー学派は南側の黒石に向かう地点となった。そして四法学派の導師のために、大きな日除け兼お立ち台がそれぞれ設けられた。

またオスマーン朝になってから、聖殿扉右側のミンバルの定位置に、合計一四段の大きな大理石の説教台が設置された。

しかし現在では以上のお立ち台や説教台などはすべて取り払われ、代わって電動移動式（多くは昼時に日陰に入る東北側で聖殿近くに置かれる）で冷房付のミンバルが導入された。またそこに立つ説教師は、四法学派をまとめた立場から話をすることになっている。

イ　その功徳

カアバ聖殿は聖マスジドの真ん中に鎮座しているが、そこへの巡礼はイスラームの五つの義務的な勤行に入っている。しかしそれが義務的であると受け止めるよりは、信者が渇望し強い思慕をもって訪れる場所となっているのである。このような思い入れと表裏一体になっているのが、そこで頂けると信じられている数々の功徳である。

ここで功徳と訳したが、アラビア語ではファドル（複数形はファダーィル）、あるいはサワーブである。とくに前者は、好ましく優れている事柄の総称であり、特典あるいは人に関して使用される場合は、美徳とも訳しうる言葉である。聖地やマスジドのファドルであるから、ご利益もしくは功徳ということになる。

ところで日本でご利益と言うと、神仏が人にもたらす個別具体的で、かなり現世的な福利が想定されるかもしれない。しかしイスラームのそれは嘆願する人に対して、アッラーがこの世で下賜するという前提では必ずしもない。あくまで信者の裁定は最後の審判においてなされるからである。それに至るまでの徳行や善行の積み上げを順当に進める必要がある。狙いは最後の審判で良好な判定を得るということである。

この意味で同じ功徳という日本語の用語を用いるとしても、イスラームではその内容あるいは力点の置き方が異なることを踏まえておきたい。ただしイスラームでも日常化した民間信仰的には、かなり日本のケースに類似していると見られる状況のあることも事実である。

なお聖地マッカ、聖マスジド、そしてカアバ聖殿の功徳については、古来人口にも膾炙し、またさまざまな文献に記されてきたが、もともと峻別できない面もあり、すべて一緒に語られることも少なくない。

それらをここで少し詳らかに見ることは、ムスリムの発想の広がりとその心の襞《ひだ》をいっそう具体的に理解する良い手がかりにもなるかと思われる。

●巡礼関連

功徳の筆頭に上げられるのは、巡礼中に亡くなった人たちは、天国へ行くことが約束されているというのである。天国行きについてはいくつかの預言者伝承に出ているが、以下の伝承は高名なイスラーム神学・法学者アルガザーリー（西暦一一一一年没）の選んだものである。[31]

「敬虔な巡礼はこの世のあらゆるものより良い。それには、天国という報奨があるだけだ。[32]」

「二聖地（注：マッカとアルマディーナ）のいずれかで亡くなった場合には、最後の審判は受けずに天国行きが命じられる。」

「大と小の巡礼者は、崇高なアッラーの団体訪問客で、お願いすれば与えられ、お赦しを請えば赦され、祈れば応答があり、嘆願すればそれが通るのだ。」

「マッカには一日のうちに一二〇のアッラーの恵みが下りてくる、その中の六〇は回礼する人たちに、四〇はそこで礼拝する人たちに、残る二〇はそこで見ている人たちに。[33]」

「マッカに巡礼する人たちは、天使が出迎える。ラクダに乗る人たちには挨拶し、ロバに乗る人たちには握手し、徒歩の人たちは抱きしめて。[34]」

「断食直後、戦闘直後、そして巡礼直後に亡くなった者は、殉教者である（注：そしてそのまま天国へ行き、アッラーの近くに侍ることとなる）。」

アリー・ブン・ムワッファクという人が、マッカ平定前で預言者自身はマッカに入れないので、彼に代わって巡礼することがあった際、預言者の言葉は次のとおりであった。

「それについては最後の日に報奨してあげよう。あなたの手を取って、天国に入れるようにしよう、他の人には厳しい審判が下りるとしても。[35]」

巡礼関係の最後の功徳として、マッカとその近辺を巡るこの儀礼の古の歴史とその功徳の大きさを教える伝承を挙げたい。

「アーダムがその諸儀礼を終えた時、天使たちと出会った。そこで彼らは、言った。アーダムよ、あなたの巡礼は敬虔なものだ、でもわれわれはこの家への巡礼を、あなたより二〇〇〇年前から行ってきた。[36]」

●巡礼以外

次は巡礼から離れて、マッカとカアバ聖殿の功徳について、どのように言われているかについて、いくつか見ておきたい。

同じくイスラーム神学・法学者アルガザーリーに従い、いくつかの預言者伝承を引用する。

「アッラーは毎夜、大地の人を見られる。最初に見るのは、マッカの人、次にマッカのうちで見る人は、聖マスジドにいる人たち。そしてそのうち、回礼している人たちは赦され、また礼拝している人たちも赦され、さらにカアバ聖殿に向かって立ち尽くしている人たちも赦される。[37]」

「アッラーはこのカアバ聖殿を毎年六〇万人が巡礼すると約束され、またそれより少ない年には、天使でその数を満たすとされている。カアバ聖殿に人が集まるのは、行列して練り歩く花嫁に人が群がるようなものだ。巡礼者はすべて、カアバ聖殿の扉に掛けてある幕にすがり、それでもって天国に行くことを祈念している。[38]」

「黒石は天国の宝石だ。それには二つの眼と舌があり、復活の日には、誰が誠心誠意に接吻したかを物語る。」

カアバ聖殿やその周辺は鉄砲水による洪水で荒らされることが何回もあったが、その手当てが遅れ七年間も巡礼が滞ることがあれば、クルアーンから文字が消え去ってしまって、無明時代に戻ってしまうぞ、といった警告の伝承もある。[39]

マッカが功徳の多いところであればあるほど、そこに長期間逗留する人たちが増えたのも自然だが、しかしそれは歴史上、聖地の管理上の問題にもなったし、そこから聖地内での家の賃貸借は認めないという議論が出てくることにもなった。

この逗留にも関係する、次の預言者伝承はよく知られている。

「アッラーよ、汝（注：マッカ）は私にとって最良のアッラーの土地であり、最愛のアッラーの土地である。汝から出される事情がなければ、決して出ないだろう。[40]」

最後に、聖マスジドの格別の功徳について端的に述べている預言者伝承を挙げておきたい。

「私のマスジド（注：アルマディーナの預言者マスジド）での礼拝は、マスジド・アルハラーム（注：マッカの聖マスジド）を除いた、他のマスジドの礼拝より千倍も優っている。[41]」

●マッカと聖マスジドの近くにいることの功徳

こんどはマッカと聖マスジドの近くにいたり、そこに住んでいることが有難いという発想である。大半の人たちは、間違いなくそう考える。

しかしそれに反対の見解を述べたのは、ハナフィー学派の祖であった。その理由は、場所に慣れすぎて怠け心がついたり、尊崇の気持ちが衰えるということ、また何かの罪を犯す恐れも出てくるからとも主張した。[42]

ハンバリー学派の祖はそれに対して反論し、罪を恐れるとしてもそれはその人の報奨が減るだけだ、とやり返した。こうしてハナフィー学派の祖の意見は、大勢を覆すには至らなかった。

預言者ムハンマド自身がマッカに執着していたことは、その伝承に明らかだが、さらには妻のアーイシャも次のように言った。[43]

「聖遷がなければ、私はマッカに住んでいただろう。マッカでは一番天が近くに見える。またマッカほどに心が落ち着くところはない。それとマッカほど月が綺麗に見えるところもない。」

マッカや聖マスジドに近いことの究極として、そこで他界する場合や、そこに住んでいる場合については、次のように言われている。

「二つの聖地のいずれかで亡くなる者は、最後の日には安全だ（注：天国行きは心配ない）。[44]」

少し真偽は疑われるが、と断りつつ、アルファースィーは次の預言者伝承も挙げている。

「マッカで他界するものは、すなわちこの世の天で亡くなったことになる。」

マッカの住民を、より多くの功徳に与っている人たちであると見なすことは珍しくなかった。預言者は信者をマッカへ使いにやることがあったが、その人に言った。

「あなたをどこに使いしてもらうか知っていますか。それはアッラーの民（注：アフルの言葉が使われており、一般的な信者の意味ではない）の所です。だから彼らから十分に助言を得るように。[45]」

●カアバ聖殿に入殿することの功徳[46]

預言者の慣行（スンナ）に則ることでもあるが、聖殿に入りまたそこで礼拝することの功徳について、次に見てみよう。[47]

イブン・アウスの伝える話として、「わたしは深い谷からやって来て聖殿に入ったと言ったのに対して、イブン・ウマルは聖殿で礼拝した人は、その母親から生まれた日のように罪から出られる、と言った。」とされる。

アターゥの伝える話には、「カアバ聖殿内の二回の礼拝のほうが、聖マスジド内の四回の礼拝よりも好ましい。」と言う。さらには、「カアバでの礼拝は、一〇万回の普通の礼拝に相当する。」とも言う。[48]

イブン・アッバースの伝える預言者伝承に言う。「聖殿に入って礼拝する人は善に入り、そして悪から出ることになり、赦しが得られる。[49]」

アルハサン・アルバスリーの伝えるところによると、「カアバ聖殿に入る人は、崇高で偉大なアッラーの慈悲と庇護と安全な保護下に入ることになる。そしてそれから出る時には、（罪や過ちが）赦されて出るのである。」ともされる。[50]

また入殿するのはできるかぎり回数が多いほうが良いとして、聖殿が開かれるたびに入っていた人たちの話も伝えられている。ただしそのように実行していた人がいたという話であり、回数が多いほうが良いという趣旨を直接述べた預言者伝承は伝えられていない。

以上に見てきた聖地マッカ、聖マスジドそしてカアバ聖殿の功徳とそれに与ろうとする類の言葉は、イスラームの宗教的指導者たちのものもたくさん残されており、功徳を偲ぶには「もうこれだけあれば、十分だ」とアルファースィーは結んでいる。[51]

本書の主題であるカアバ聖殿についても、ムスリムにとっての功徳の大きさが偲ばれるだけの内容が既に述べられたと考えるので、「もうこれだけあれば、十分だ」として、ここで終止符を打つことにする。

注

(1) アフマド・アッスィバーイー『マッカ史—政治・学術・社会・文明研究』リヤード、一九九九年、全二巻、第一巻、二一ページ。

(2) ここで言及した預言者以外も含めてクルアーンには合計二五名登場する。また様々な民族に預言者は遣わされたとクルアーンにあり、その数は千名以上だとされる。本書参考1「預言者の系譜」参照。なお預言者物語は様々に出版されてきている。ムハンマド・アルファキー『預言者物語—その出来事と教訓』カイロ、一九七九年、ムハンマド・アッタイイブ・アンナッジャール『クルアーンと預言者伝承に基づく預言者の歴史』リヤード、一九七九年、イブン・カスィール（一三七三年没）『預言者物語』カイロ、二〇〇六年、など。

(3) サアド・アルマルサフィー『カアバは世界の中心』ベイルート、一九九八年、二九ページ。

(4) 同掲書、三一ページ。

(5) 同掲書、三三―三四ページ。

(6) 多数の研究者の協力による大作のＤＶＤである『預言者の足跡に従って』メガスター・エンタテインメント社製、リヤード、全五巻については、本書「主要参考文献」を参照。以下に本書で引用するためにはＤＶＤとだけ記す。大学の専門的講義に匹敵しまた学術的にも十分堪えうる内容であり、主として本書の各章導入部分の概説作成に活用した。ここの引用個所は、ＤＶＤ、第一巻、第二話冒頭部分。また本書参考3「カアバ聖殿をめぐる逸話」において、聖殿床の中央の釘に自分の腹を摺りつける習慣があったことを紹介してあるので参照。

(7) フサイン・ブン・アブドゥッラー・バーサラーマ『偉大なカアバの歴史—建物、キスワ、守護職』リヤード、一九九九年、三一ページ、著者の息子が本書紹介のために書いた序文の書き出し部分。本書初版は一九三五年で、その復刻版が出版された。

(8) サアド・アルマルサフィー、前掲書、二〇四―二一三ページ。

(9) ＤＶＤ、第一巻、第二話最終部分。

(10) サアド・アルマルサフィー、前掲書、「イスラーム共同体の中心性」五七―八九ページ参照。

(11) アルマディーナへのヒジュラ（聖遷）の一年四カ月後、キブラ（礼拝の方向）がエルサレムからマッカに変えられたが、その際の事情については、クルアーン雌牛章二・一四二―一五〇に比較的詳しく出ている。ユダヤ教徒とキリスト教徒たちがしきりにムスリムを誹謗中傷し誤った道へ誘惑するのに直面し、預言者ムハンマドは困って顔を天に向けていた時に、「あなたの顔を聖なるマスジドの方に向けなさい」（二・一四四）という啓示が降りたのであった。同時に注目したいのは、「各人にはその向かう方向がある。それで互いに凡ての善事を競え。」（二・一四八）と言って、寛容に他宗教の立場も許容している点である。

(12) 細かく分ければ、当初に行う回礼は「訪問の回礼」で、それは小巡礼の一部でもある。ただし小巡礼は大巡礼の一部でもありうる。また巡礼月十日の「大挙の回礼」は大巡礼の一部である。さらに回礼の種類としては、マッカ出発直前の「別離の回礼」と随時行う「慣行の回礼」とがある。拙著『イスラーム巡礼のすべて』イスラーム信仰叢書1、国書刊行会、二〇一〇年、第2部3「回礼（タワーフ）」参照。

(13) タキー・アッディーン・アルファースィー（ヒジュラ暦八三二年没）『聖地情報の飢えを癒すこと』ベイルート、二〇〇〇年、全二巻、第一巻、六五―七二ページ。なお本書の参考4「マッカの呼称一覧」を参照。またアルファースィーは『貴重な結び目』というタイトルのマッカ史を残しているが、断りないかぎり本書でアルファースィーを引用する場合は、この『聖地情報の飢えを癒すこと』からである。なおバッカはアルマディーナより更に北方で発掘されたともされる。Crone, Patricia, and Micael A. Cook, *Hagarism : The Making of the Islamic World*, Cambridge, Cambridge U. P., 1977, pp.23-26.

(14) アルファースィー、同掲書、第一巻、六六―六七ページ。ここに出てくる人物は以下のとおり。アッダッハーク・ブン・マザーヒム・アルヒラーリー（ヒジュラ暦一〇〇年没、教友に従った人）、アルムヒッブ・アッタバリー（ヒジュラ暦六九四年没、マッカ史を著す）、ムハンマド・アルマーワルディー（ヒジュラ暦四二九年没、法学者）、イブン・クタイバ（ヒジュラ暦二八六年没、クルアーン解説学など）、それからイブラーヒーム・アンナフイー、ヤハヤー・ブン・アビー・アニーサ、ザイド・ブン・アスラム、ムジャーヒドらの四人は第一世代で預言者伝承の伝承者。アブー・アルワリード・アルアズラキーはヒジュラ暦二五〇年没、マッカ史を著す。

(15) 『ハディース』（アルブハーリー真正伝承集）牧野信也訳、中央公論社、一九九三―一九九四年、全三巻、上巻、三五九ページ。

(16)『日訳サヒーフ ムスリム』(ムスリム真正伝承集) 日本ムスリム協会、一九八七年、全三巻、第二巻、四一〇ページ。

(17) アルファースィー、前掲書、第一巻、九二–九九ページ。

(18) 同掲書、第一巻、九三ページ。アブー・アルユムン・ブン・アサーキル『ミナーの功徳』中の言説として引用されている。

(19) 次のアムル・ブン・アルアースの言葉も含めて同掲書、第一巻、九八–九九ページ。

(20) 同掲書、第一巻、九六ページ。ムヒー・アッディーン・アンナワウィー(ヒジュラ暦六七六年没)『教則(アルマンスィク)』中の言説として引用されている。

(21) 同掲書、第一巻、九七ページ。

(22) 同掲書、第一巻、九六ページ。アブー・アルユムン・ブン・アサーキル『ミナーの功徳』中の言説として引用されている。

(23) イスラーム法学の標準的な概論としては、アッサイイド・サービック『スンナの法学』ドーハ、一九八五年、全三巻、など。ただし聖地マッカ関連に特化した規定は、あまり分量はなく、第一巻、七六〇–七六三ページに限られている。

(24) アルファースィー、前掲書、第一巻、七三ページ。

(25) 以下のまとめは、『サウジアラビア王国総合地図』サウジアラビア高等教育省、リヤード、一九九九年、三四ページに拠った。

(26) アッサイイド・サービック、前掲書、第一巻、二八八–二八九ページ。

(27) 本書図1「聖地マッカの範囲見取り図」(一〇ページ)を参照。

(28) 拙著、前掲書『イスラーム巡礼のすべて』第1部6「預言者ムハンマドと巡礼」を参照。なおアラビア語では、マッカの聖地も巡礼の聖域も同一の「ハラム」であるが、本文にあるようにその内容において明らかな違いがあること、ならびに混同を避けるために、日本語訳のうえでは聖地と聖域に区別した。

(29) イブン・アッディヤーィ（八五四年没）『マッカと聖マスジドおよびアルマディーナと預言者の墓の歴史』ベイルート、二〇〇四年、一二二－一二三ページ。しかし二一世紀の今日では高層ビルが林立しており、その是非をめぐっては議論が起こっている。

(30) アブー・アルワリード・ブン・アフマド・アルアズラキー（ヒジュラ暦二五〇年頃没）『マッカ情報とその事跡』マッカ、西暦二〇〇三年、全二巻、第七版、第一巻、六一二－六三六ページ。

(31) アブー・ハーミド・アルガザーリー『巡礼の秘密』ベイルート、一九八五年、「巡礼の功徳」二五－五六ページ。なお同書は著名な『宗教諸学の復興』から巡礼部分を抜粋したもの。預言者伝承は、al-islam.com のアドレスで出典をアラビア語で確認可能。伝承解説書も対象になっているので、この分野では古典的な、Wensink, A. J., *Concordance et Indices de la Tradition*, Leiden, 1992, 12th ed., 8 vols.を上回る検索能力がある。

(32) 以下三つの伝承は、アルガザーリー、同掲書、二九ページ。

(33) アルガザーリー、同掲書、三〇ページ。

(34) 以下の二つの伝承は、アルガザーリー、同掲書、三三ページ。

(35) アルガザーリー、同掲書、三二ページ。ただしアルガザーリーはこれも引用しているが、この伝承は信憑性の薄いとされるサーヒブ・アルイラーキー伝。

(36) アルガザーリー、同掲書、四〇ページ。

(37) アルガザーリー、同掲書、四一ページ。

(38) 以下二つの伝承は、アルガザーリー、同掲書、三七ページ。

(39) アルガザーリー、同掲書、五二ページ。

(40) アッティルミズィー、イブン・マーッジャ他に伝えられている。一般には預言者の聖遷の時の言葉のように見られるが、アルファースィーは前掲書、第一巻、一〇二ページにおいて、右伝承が言われたのはマッカ征圧前に行われた小巡礼（六二九年、「課題の小巡礼」）の際であろうとの見解を紹介している。この伝承はマッカの市場（アルハズワラ）で述べられた言葉だが、聖遷の時には事態が急迫していて、そのような発言は難しかったとする。他方、六二九年、マッカの多神教徒とのフダイビーヤ和議により三日間の「課題の小巡礼」は実現したが、この和議の項目には預言者ムハンマドのマッカ逗留は含まれておらず、小巡礼終了後直ちにマッカを立ち去らねばならなかった。

(41) 前掲書、『日訳サヒーフ ムスリム』第二巻、四二九－四三一ページ。

(42) アルファースィー、前掲書、第一巻、一一三ページ。

(43) アルファースィー、同掲書、第一巻、一一四ページ。

(44) アルファースィー、同掲書、第一巻、一一五ページ。以下二つのうち、前者はアッダールコトニー伝（二－二七八）、後者はアルバイハキー伝（「人々」四一五一、四一五二）。

(45) アルファースィー、同掲書、第一巻、一一六ページ。

(46) アルファースィー、同掲書、第一巻、二一二－二二一ページ。バーサラーマ、前掲書、四三〇－四三一ページ。

(47) 本書参考2「カアバ聖殿と預言者ムハンマドの礼拝」参照。

(48) アルファースィー、前掲書、第一巻、二一三ページ。ただしアルファースィーはここの功徳のテーマの関連では、伝承者の連鎖が中断されたり確認が取れなかったりして真偽に問題の残される伝承や物語を引用している。

(49) アルバイハキー伝、五一－一五八。

(50) アルファースィー、前掲書、第一巻、二一三ページ。

(51) アルファースィー、同掲書、第一巻、一一五ページ。

2　カアバ聖殿の呼称

（1）　さまざまな呼称

ア　語　源

カアバ聖殿をアラビア語では、アルカアバとだけ呼ぶことが多い。それを修飾する場合は、アルカアバ・アルムシャッラファ（名誉のカアバ）と言われる。時に形容詞はアッシャリーファ（名誉の）、あるいはアルムアッザマ（偉大な）も用いられる。

ところでカアバがなぜ固有名詞化したのかについては、以下の諸説がある。[1]

（ア）　アルハーフィズ・アルバガウィー（ヒジュラ暦五一七年没）は、『啓示の降りる標識（マアーリム・アッタンズィール）』で、聖殿がカアバと呼ばれる理由は四角いからで、アラブ人は四角い家をいつもカアバと呼んでいた、としている。

（イ）　ムカーティル・ブン・ハイヤーン・アンナバティーは、格別の家であり、大地から高くなっているので、カアバと呼ばれた、としている。[2]　さらには盛り上がったものは何でもカアバと呼ばれ、女性の胸や灌漑の土手などもカアバと言われたとする。[3]

（ウ）　イブン・アルアスィール（ヒジュラ暦六〇六年没）は『預言者伝承解説（アンニハーヤ・フィー・ガリーブ・アルハディース）』で、何でも高くある状態はカアバなのであり、また同時に立方体だから、聖殿（アルバイト・アルハラーム）のことはカアバと呼ばれることになったとする。

　以上の諸説は必ずしも多くを語らないが、イスラーム以前の用語法についていくつかの可能性を示唆していると言えよう。まず、カアバあるいはその動詞としての第二型のキャッアバは盛り上がって高くなっているという意味と、四角あるいは立方体であるという意味が並存してあったと仮定できる。あるいは部族によってそのうちの一方だけを意味していたかもしれない。またカアバ聖殿があるから、それら両者が同一の物を指すようになったかもしれない。そうであれば言葉が先か聖殿が先かは、鶏と卵の関係のように即断できないこととなる。

　また上記（ウ）の説明の仕方は、当時固有名詞としてのカアバは聖殿（アルバイト・アルハラーム）とほぼ同時並行的に用いられていた可能性を示唆しているとも見られる。

イ　呼称一覧

　次にマッカの町ほどではないが、カアバ聖殿についてもさまざまな呼称が一三種類は用いられてきている。下に一覧表でも示したが、その内容を見てみよう。

　まず現代の一般的な解説として語られる場合には、次のように紹介される。

「アルカアバ以外の呼称としては、アルバイト（家や館）、アルハラーム（聖地）、アルムハッラム（聖館）、アルカルヤ・アルカディーマ（古い町、村）などがある。[4]」

　あるいはマッカの歴史に関しては、西暦一五世紀以来権威書の一つとして扱われてきた、アルファースィーの史書には次のように言う。[5]

「アルカアバは、バッカ（叩く、絞める）、アルバイト・アルハラーム（聖殿）、アルバイト・アルアティーク（太古殿、古来の家、あるいは〔強者から〕解放された家）、カーディス（聖所）、ナーディル（珍所）、アルカルヤ・アルカディーマ（古い町、村）などと呼ばれる。最後の三つは、アルアズラキーの歴史書に出てくる。またアルカーディー・アヤードは、『アルマシャーリク』において、アルビンヤ（あるいはアルブナイヤ、建造物）とも呼んでいる。[6]」

最後に上記文献とほぼ同時期に編纂されたアルフィールーザーバーディーの辞書『アルムヒート』における、カアバの定義を見てみる。

「立方体の意味。アルバイト・アルハラーム（聖殿）のことであり、アッラーが名誉を与えたもの。あるいは家や部屋で立方体のものなら何でも、カアバと言う。[7]」

この辞書の定義の仕方を見ると、数多く呼称があるにもかかわらず、西暦一五世紀当時において、カアバの代わりに普通に用いられた用語は、アルバイト・アルハラームであったことが窺われる。歴史家アルファースィーが羅列している中でも、マッカそのものの別称でもあったバッカに次いで、アルバイト・アルハラームが挙げられているのである。

それも当然だと頷ける理由は、クルアーンの言及ぶりを見れば判明する。というのは、クルアーンでカアバと同格の形で、いわば言い直す形で用いられた呼称は、アルバイト・アルハラームだけなのである。次の個所がそれである。

「アッラーは人間のため、禁忌のある（聖なる）家（アルバイト・アルハラーム）、カアバを創り、……」（食卓章五・九七）

ちなみにクルアーンには、これ以外にも、アルカアバ、あるいは、アルバイト・アルハラームとして単独の形でもそれぞれ一度は出てくるし（食卓章五・二、九五）、アルバイト・アルアティーク（太古殿、古来の家、あるいは〔強者から〕解放された家）という呼称も独立した形で二度出てくる（巡礼章二二・二九、三三）。

あるいは単独の形としては、カアバを指して、アルマスジド・アルハラーム（聖マスジド）と呼ぶ例もある（雌牛章二・一四四）。また、アルバイト（家）という単独の形でカアバを指すことは、何回も行われている（雌牛章二・一二五、一二七、一五八、イムラーン家章三・九六、九七など）。

以上要するに、クルアーンでカアバと同格の形で、いわば言い直す形で用いられた呼称は、アルバイト・アルハラームのみということになる。

さらにはクルアーン以外だが、カアバには、ドゥーワール（あるいはダウワール、樹木の周り）という呼称があったことは、高名なヤークートの『諸国集成（ムウジャム・アルブルダーン）』などにおける言及により知られている。[8]

以上のカアバ聖殿の呼称を一覧表にすると、次のようになる。

	呼称	語義	著者名	出典など
1	アルカアバ	立方体、高いもの		クルアーン
2	カーディス	聖所	アズラキィー	『マッカ史』（アルカーディスはマッカを指す）

3	アルカルヤ・アルカディーマ	古い町、村（マッカの町も指す）	アズラキィー	同上
4	ドゥーワール（またはダウワール）	樹木の周り	ヤークート	『諸国集成』
5	ナーディル	珍しい所	アズラキィー	前掲書（アンナーディラはマッカを指す）
6	アルバイト	家、館		クルアーン
7	アルバイト・アルアティーク	古来の家、解放された家		同上
8	アルバイト・アルハラーム	聖殿		同上（聖殿の別称扱いされている）
9	バッカ	叩く、絞める、あるいはマッカの別称で特に聖殿を指した		同上
10	アルハラム	聖地（本来聖地自体を指す）	DVD（カアバの呼称としてはクルアーンにはない用法）	
11	アルビンヤ（アルブナイヤ）	建造物	アルカーディー・アヤード	『アルマシャーリク』
12	アルマスジド・アルハラーム	聖マスジド（本来マスジド自体）		クルアーン
13	アルムハッラム	聖館（禁忌の意）	DVD（カアバの呼称としてはクルアーンにはない用法）	

（2）その日本語訳

ところで「アルカアバ」の日本語訳としては、従来はカアバ神殿とすることが少なくなかった。しかしこの「神殿」という訳語では先の種々の呼称を見ても明らかなように、それに対応するアラビア語の呼称がないのである。

また「神殿」は通常、神を祀りそこへ神が降臨し安住すると考えるのが大半のケースであろう。少なくとも日本の発想からするとそういうことかと思われる。しかしイスラームはそれにも当たらない。なぜならば、イスラームではそこは安息の礼拝所という意味合いが込められているだけだからである。

ただカアバはアッラーの命令により建造されたので、バイト・アッラー（アッラーの家）と呼ばれることも見られる。おそらくこれが文言上は「神殿」に一番近い。しかしそれはクルアーンはじめ古典文献では全く用いられておらず、したがって上に見た名称一覧にも入っていないし、それは後代の俗称ということになる。

さて「安息の礼拝所」と述べた点に戻るが、この「安息の」というところが肝心である。つまりそれは、古よりあらゆる暴力行為、そして狩猟や樹木の伐採などが禁止され、特別な場所であるとされたマッカの町の中心にある格別の建物だということだ。上に見たようにカアバの代わりに用いられる用語として一般的な、アルバイト・アルハラームのアルハラームとは、「禁則の」、「禁忌の」、「タブーの」というのがもともとの語義である。そこでアッラーによって禁則を遵守することが常に求められる場所は、聖なる所とも認められ、事実、上記に明らかなように、アルファースィーはその呼称の一つに「聖所」を挙げていた。

訳語を考える場合、彼我の文化的ギャップを橋渡しする作業になるのは今始まったわけではないが、以上の種々の考慮から「カアバ」の言葉を維持しつつかつその格別な性格を表現するのに妥当な選択肢として残されたものは次の三つに絞られてくる。

一に「アルカアバ」、あるいは定冠詞を省いて「カアバ」とだけする、二に「カアバ禁忌殿」とするか、三に「カアバ聖殿」とするかとなろう。一は直訳、三は意訳と見なすこともできる。もちろん本章の冒頭に触れた「名誉のカアバ」、あるいは「偉大なカアバ」も可能であるが、アラビア語と異なり日本語としてそれでは呼称全体の構成が固有名詞的でない響きを持っている嫌いがある。

ここでは本書にとって一番適切と思われる、第三の選択肢を取った次第である。ちなみに明治時代、日本人初の巡礼を果たした山岡光太郎はその巡礼記録において、「マッカ大礼拝殿」という言葉を持ち出しているし、日本ムスリム協会『聖クルアーン』では「カアバ」とだけしてある。(9)

注

(1) バーサラーマ、前掲書、五六ページ。

(2) 同人については、アルブハーリー（ヒジュラ暦二五六年没）『大歴史（アッターリーフ・アルカビール）』ベイルート、一九八六年、第八巻、一三ページにその名が言及されている。バーサラーマ、前掲書、五六ページ、注三。

(3) イブン・アッディヤーイ、前掲書、一二二ページ。クルアーンでは「胸の脹《ふく》れた乙女」（消息章七八・三三）や「踝《くるぶし》」（食卓章五・六）のことを、カアブと呼んでいる。

(4) ＤＶＤ、第一巻、第一話冒頭部分。

（5）　ムハンマド・ブン・アフマド・ブン・アリー・アルファースィー（ヒジュラ暦八三二年没）『マッカ（アルバラド・アルアミーン）史の貴重な結び目』カイロ、一九五八－一九六九年、全八巻、第一巻、六〇ページ。なお同著者は、『聖地情報の飢えを癒すこと』も著していることは前述。

（6）　アルアズラキーとその歴史書については、本書末尾「主要参考文献」を参照。アルカーディー・アヤード・ブン・ムーサー・アルヤハサビー（西暦一一四九年没）はモロッコ、ファース市の生まれで、高名な法学者、伝承学者、歴史家、文学者。上記に引用されている書物は、『珍しい伝承の解説に関する信憑性を照らす光（マシャーリク・アルアンワール・アラー・スィハーヒ・アルアーサール・フィー・シャルヒ・ガリービ・アルハディース）』。

（7）　辞書『アルムヒート』（校訂本はベイルート、ダール・アルフィクル社出版、出版年不明、全四巻、を使用した）を編んだアルフィールーザーバーディー（西暦一四一四年没）は、『聖地情報の飢えを癒すこと』の著者アルファースィーの師匠の一人であったことについては、本書末尾「主要参考文献」を参照。なおここの本文の引用個所は、第一巻、一二四ページ。

（8）　フサイン・ブン・ムハンマド・アルハサン・アッディヤーリ・バクリー（ヒジュラ暦九九六年没）『偉大なカアバ聖殿の寸尺と聖マスジドの面積』ポート・サイード、二〇〇四年、二八ページ。

（9）　山岡光太郎『世界の神秘境 アラビア縦断記』東亜堂書房、明治四五年（復刻版、青史社、一九八八年）、九二－九四ページ「マッカ大礼拝殿」。『聖クルアーン』日本ムスリム協会、第七刷、二〇〇二年、雌牛章二・一二五、食卓章五・九七。

3　カアバ聖殿の建造

(1)　概　要

日本ではまだなじみの少ない事柄に満ちた世界であるので、まず冒頭に通史の概要を記したい。アッラーが天地を創造したときから、マッカで初めて言葉が用いられたことなど、すでに同地には特別の意義づけがされていた。また最初に天使たちが聖殿を地上に設けたのも、マッカであった。そこは天上にある「参拝の館（アルバイト・アルマアムール）」という天使たちの礼拝所の真下にあたる地点であったが、同時にそれは大地が分割される前の中心にあたってもいた。

人類の祖アーダムは楽園追放後、インドなどを経てマッカにやって来るが、礼拝所の建造をアッラーに命じられた。彼は新天地で寂しがっていたのであった。天使もその建造を手助けして、天から黒石を齎したが、聖殿はまだ石を少々積み上げただけの簡単なものであった。その後に至り、アーダムの子孫も聖殿の改装や再建にあたった。

預言者ヌーフも礼拝に行ったが、結局大洪水に見舞われ、聖殿は埋没し、その後は崩壊し、あるいは土塊に埋もれてしまっていた。

その残骸を土中に発見して涙を流した預言者イブラーヒームは、その再興を果たした。[1] 彼は純粋の一神教を伝えた預言者の父とされており、たとえば巡礼の仕方もアッラーに教えられた。預言者イブラーヒームが再建した際には、やはり天使たちが手助けにあたり、黒石は大洪水中近くの山に避難させられていたのを、天使がもう一度聖殿まで運んだとされている。当時の素材は石だけではなく泥のブロックも使用した。そのことがイブラーヒームの息子イスマーイールがその後改装や再興にあたらねばならなかった一因ともなった。

砂漠の鉄砲水にしばしば流され、あるいは火事にあって、聖殿の再建工事が引き続き余儀なくされた。それに従事してきたのがアラビア半島、なかんずくヒジャーズ地方を支配した一連の部族であった。アマーリカ族、ジュルフム族、フザーア族、それからクサイユ・ブン・キラーブとその末裔であるクライシュ族に引き継がれていった。その最後に、預言者ムハンマドの祖父アブド・アルムッタリブも再建者として名を連ねることがある。

この長い歴史を通じて、再建工事の内容やさまざまな事跡、たとえばザムザムの名水や覆い布（キスワ）をめぐる史話、あるいは多数の逸話が細かに記録されてきたのであった。

さらに見てみよう。

クライシュ族は聖殿の高さを倍に伸ばしたが、そこで合法的な資金が切れはじめたので、やむなく聖殿の南北の長さを約三メートル短くした。そのために聖殿北側にあるイスマーイールの囲い所は新築された聖殿の建物に入りきらないで、現状のようにその外に置かれる格好になった。しかしもともと聖殿構造物の中にあったので、いまだにそれは聖殿内との認識である。そのため巡礼の際の儀礼である回礼（タワーフ）は聖殿の外の周辺でするものであるので、イスマーイールの囲い所には入らないで行うこととなる。

またクライシュ族は扉の位置を約二メートルの高さに移して、侵入者を防ぐこととした。それと聖殿の天井を設けたのもクライシュ族で、彼らはその素材である木の板をジェッダ（当時はシュアイバという名称）港沖にあったローマ軍の船から得たと言われる。天井敷設に伴って雨樋（ミーザーブ）を設けた。ただしイスマーイールの囲い所に雨水が垂れるようにしたかははっきりせず、それはウマイヤ朝時代、後述のアルハッジャージュによってであったとの説もある。

その後、ウマイヤ朝に対抗して勢力を張ったマッカの太守イブン・アッズバイルは、聖殿の西扉を設け、また天井を一メートル間隔の二重天井にした。しかしウマイヤ朝ハリーファ・アブド・アルマリク・ブン・マルワーンの派遣した軍司令官アルハッジャージュ・アルサカフィーはイブン・アッズバイルを制圧し、その後彼は西扉を閉鎖し、また聖殿の周辺下部で斜めに突き出した土台部分（シャーザルワーン）を設けた。なおこの攻撃中に黒石は粉砕される難にあった。

聖殿内部の三本の柱はイブン・アッズバイル当時のものが良く残されて、現在はマッカの博物館に収められている。

その後は、聖殿全体はオスマーン朝以来、三七五年間手つかずであったが、一九九六年、サウジアラビア王家の下で全面改装されて今日に至っている。[2]

以上のようなイスラーム開始以前からの歴史の展開を通して、一つ注目してしかるべきことがある。それは他でもない、カアバ聖殿が一貫して再興されてきたという事実である。もちろん異教徒支配もあったし、一旦は崩壊してしばらく放置されたこともあった。しかし結局それは、人々の努力によって再興されてきた。

またそれをマッカ以外に移転しようといった動きや考えに惑わされることは、一度も記録されていないのである。つまりマッカにこそ存在すべきものとして見なされてきたという点を看過すべきではない。言い換えれば、それだけマッカはアッラーが指定された天地創造の原点であり不二の聖地として、人々の間で揺るぎない地歩を固めてきたのである。

さてカアバ聖殿史を語るにあたって、誰が再興、建造したのか、またそれは何回行われたかについては、伝統的にこれまでさまざまな説が乱立してきた感がある。説が分かれる主な理由は、少しの部分しか改装・建設しなかった者を数えるかどうか、あるいは自らが破壊しておきながら建造した者を再興者に入れるのかどうかなどで異説が出てくるからである。

それらの異説をここで整理して一覧しておきたい。[3]

ア　ムヒー・アッディーン・アンナワウィー（ヒジュラ暦六七六年没）『ムスリムの真正伝承解説』によると、五回再建された。天使、預言者イブラーヒーム、イスラーム以前のクライシュ族、イブン・アッズバイル、アルハッジャージュ・ブン・ユースフ・アッサカフィーだが、これら以外にも二、三回はあったかもしれないとしている。

イ　アフマド・ブン・アビー・アルハサン・アッスハイリー（ヒジュラ暦五八一年没）『イブン・ヒシャームの預言者伝解説（アッラウド・アルアンフ）』によると、五回再建された。しかしその当事者は、シャイス（アーダムの息子）、預言者イブラーヒーム、イスラーム開始の五年前にクライシュ族、イブン・アッズバイル、ハリーファのアブド・アルマリク・ブン・マルワーンであったとしている。

ウ　タキー・アッディーン・アッサンジャーリー（ヒジュラ暦一一二五年没）『マッカと聖殿と聖地

の支配者情報（マナーィフ・アルカラム・フィー・アフバール・マッカ・ワ・アルバイト・ワ・ウラート・アルハラム）』も五回とする。天使、アーダム、イブラーヒーム、クライシュ族、イブン・アッズバイルで、アルハッジャージュは破壊してから再建した。

エ　イブン・ズハイラ・アルクラシー（ヒジュラ暦九八六年没）『親切な全集（アルジャーミウ・アッラティーフ）』も五回とする。天使、アーダム、イブラーヒーム、クライシュ族、イブン・アッズバイル、そしてアルハッジャージュは破壊してから再建した。ただしイブン・ズハイラは、三回、あるいは四回との見方も支持している。その際は、天使とアーダムをまとめて一回としたりしなかったりし、またイブン・アッズバイルとアルハッジャージュをまとめて一回としたり、あるいはしなかったりするのである。

オ　アルファースィーの『聖地情報の飢えを癒すこと』によると、種々の説があるが、ほぼ一〇回再建された。天使、アーダム、その子孫、預言者イブラーヒーム、アマーリカ族、ジュルフム族、クサイユ・ブン・キラーブ（クライシュ族の祖）、クライシュ族、イブン・アッズバイル、アルハッジャージュ・ブン・ユースフの一〇人だが、最後のアルハッジャージュはほんの少し建造しただけであったとする。クライシュ族の前に、預言者ムハンマドの祖父であるアブド・アルムッタリブを入れる人もいるが、それは一人（アブド・アルマリク・アッジュルジャーニー、ヒジュラ暦七七〇年に生存していたという記録がある）だけだとしている。

カ　アリー・ブン・アブド・アルカーディル・アッタバリー（ヒジュラ暦一〇七〇年没）『マッカ史（アルアルジュ・アルミスキー・フィー・アッターリーフ・アルマッキー）』は、一一回とする。天使、アーダム、その息子シャイス、預言者イブラーヒーム、アマーリカ族、ジュルフム族、クサイユ・ブン・キラーブ、クライシュ族、イブン・アッズバイル、アルハッジャージュ・アルサカフィー、オスマーン朝スルターン・ムラード・ハーン（二世）の一一人が再興者であったという。

キ　最後の一一回とする説に、アルファースィーの指摘するアブド・アルムッタリブを入れると一二回で、一二人になる。

本書では、再建規模の大小、あるいは再建の事情や経緯を問わず、すべてを記載するという見地から、以上伝統的に挙げられる一二名に加えて、さらにはそれ以降や最近の動向も含めて記述することにする。

（2）天地創造と天使のカアバ聖殿創建

ア　天地の創造

カアバ聖殿創建の端緒は、天地創造の話に遡ることとなる。

まず全宇宙創造のあらましは、最強かつ最終的な典拠であるクルアーンに以下のような記述がある。

「あなたがたは、二日間で大地を創られたかれを、どうして信じないのか。」（フッスィラ章四一・九）

「かれは、そこに（山々を）どっしりと置いて大地を祝福なされ、更に四日間で、その中の凡ての（お恵みを）求めるもの（の必要）に応じて、お恵みを規定なされた。」（同章四一・一〇）

「そこでかれは、二日の間に七層の天を完成なされた。そしてそれぞれの天に命令を下し、（大地に）

近い天を、われは照明で飾り、守護した。」（同章四一・一二）

上記のクルアーン引用文中に記載の日数を単純に合計すると八日間となる。ところがこの記述にもかかわらず、天地は六日間で創造されたことが、クルアーン全体で七回もくり返し明言されている。[4]

しかし通常は、第一〇節にある四日間に、第九節の二日間が含まれているものとされ、したがって全体で六日間で創造されたと解釈されることには変わりない。

クルアーンは啓示の言葉であり必ずしも体系立った論説ではないので、さまざまな学者たちがクルアーンとともに多岐にわたる預言者伝承をもとに、あらゆる論点について論議や解説を展開してきた。天地創造とカアバ聖殿創建の成り行きに関する部分に関しては、関連の諸説を総覧しつつ、イブン・アッディヤーィ（ヒジュラ暦七八九－八五四年）が比較的簡潔に全体の展望をまとめあげた。[5]

それによると次のとおりである。

アッラーは天地を六日間で創造された。日曜日と月曜日で大地、火曜日に山々、水曜日に水と樹木、木曜日に天、金曜日に太陽、月、星、さらに天使とアーダムを創られた。これは多くの学者の言うところである。

なお金曜日（ヤウム・アルジュムア、集合）のアラビア語名の由来は、その日行われる集団礼拝であると言われるのが普通だが、以上のように種々のものを集合させて創造したのが金曜日であったことが語源とも言う。[6]

なお地上で創造された品々の初めは、板、筆、水の順であった。[7]

ただしそれとは別の見方で、日曜日と月曜日に天は大地よりも先に創られ、それは煙であったが

（フッスィラ章四一・一一）、その後で大地を創り、その後に二日間で天を七層に仕上げた（同章四一・一二）という整理の仕方もある。

またさらに、日曜日から木曜日にさまざまなものを創造されたが、木曜日に、天と天使と天国を創られた。そして金曜日に三時間を費やして、その初めの一時間は時間を、二時間目は食料を、そして三時間目はアーダムを創られたともされる。(8)

イ　カアバ聖殿の創建

次のような物語がある。

アッラーは言葉を作られて、それが初めて話されたのは地表上ではマッカのカアバ聖殿の地点であり、ここに天上の「参拝の館（アルバイト・アルマアムール）」と地上のカアバ聖殿の結びつきが始まったと見られる。(9)

ちなみに広く語られているのは、この「参拝の館」は天使たちが天上でアッラーを称賛するところがないと言って困っているのをアッラーが見られて、その建造を命じられたものであった。(10)

またアッラーは緑の宝石を創られたが、それはアッラーの威厳ある眼差しを受けて水に変わり、その水から作られたバターで大地が創られ、その蒸気から天が創られた。(11)

「天と地は、一緒に合わさっていたが、われはそれを分けた。そして水から一切の生きものを創ったのである。」（預言者章二一・三〇）

カアバ聖殿は天地が分かれる前は、水に浮かぶ上澄みであった。(12)その水にアッラーは風を送られた。

こうして水は波立ち、カアバ聖殿の地点に上澄みはドームのように固まりはじめ、二〇〇〇年ほど経ってその下から大地が現れてきた。それは「大地の臍」にあたり、「この世の中心」でもあった。[13] それがマッカになったのだが、マッカは別名、ウンム・アルクラー（諸都市の母）と言われるのは、このように（注：胎内からのように）生まれてきたからであった。[14]

その頃天使たちは、アッラーに対して疑義を質したことがあった。クルアーンに言う。

「またあなたの主が天使たちに向かって、『本当にわれは、地上に代理者を置くであろう。』と仰せられた時を思い起せ。かれらは申し上げた。『あなたは地上で悪を行い、血を流す者を置かれるのですか。わたしたちは、あなたを讃えて唱念し、またあなたの神聖を讃美していますのに。』」（雌牛章二・三〇）[15]

これに対してアッラーは怒りを表されたので、天使たちは悲しみ悔悟し、玉座、あるいは「参拝の館」（アルバイト・アルマアムール）の周りを三時間にわたって、七回かそれ以上何回も周回していた。ちなみにこれがイスラームにおける巡礼の際、カアバ聖殿を七周する回礼（タワーフ）の儀礼の始まりであった。それからアッラーは天使たちを赦された後に、将来わたしに怒られた者たちが回礼して赦しを請うために、地上にも家を作るように命じられた。[16]

これに加えて次の話もある。この家を創るにあたり天から赤色のルビー（ヤークート）が齎され、また家の扉は西と東に二つあったがそれは緑のエメラルド（ズムルルッド）で作られて、さらに天国の灯明で灯されていた。

こうして天使たちによって、「参拝の館」の真下にあたる地点にカアバ聖殿となる家が創建されたのであった。実にそれはアーダムの登場する約二〇〇〇年前であった。[17]
そして地上に初めて現出した地点が、「諸都市の母」であるマッカ、ついでアルマディーナ、それからエルサレムの順であった。また地上初の家がカアバ聖殿、地上初の山はマッカ近隣にあるアブー・クバイス山ということになった。[18] 初の人類アーダムもマッカに生活し、巡礼しそこで埋葬されたとされている。このようにマッカという場所は、世界の中心であると同時に世界初の事柄に満ちている。世界の原点であり物事の起源であるという感覚は、世界の中心にあるという感覚と、ほとんど同じコインの両面と言えるであろう。

以上で天使たちのカアバ聖殿創建まで漕ぎつけたが、最後に一つの具体的な論点を紹介しておきたい。それは、カアバ聖殿は必ずしも地上初の「家」ではなくて、地上初のマスジドであり、人々の家自体はそれより前から存在していたとする見方である。

それは次のクルアーンの一節に関係している。

「本当に人々のために最初に建立された家は、バッカ（マッカ）のそれで、それは生けるもの凡てへの祝福であり導きである。」（イムラーン家章三・九六）

カアバ聖殿は地上初の家であるという意味については、それは物理的に初めてであるということではなくて、アッラーの礼拝所であり、来る人は安全で、それが人々への祝福である家、つまり初めてのマスジドであるという意味だとされる。それ以外の普通の家は、もともとたくさんあったというのである。この議論の根拠にされるのは、「（地上初の家は）イブラーヒームの立処があり、入ってくる人たちは安全であるような、恵みの家である。」という、第四代正統ハリーファ・アリーの言葉である。[19]

ただしそれだと、カアバ聖殿はアーダム登場の二〇〇〇年前に天使によって創建された、むしろそれは大地の誕生とあまり時を移さずに行われた、あるいは大地創造以前に水の上澄みがあってそれが聖殿の起源であったとする上述の説とは合致しないということになる。この点については、どう考えるのであろうか。

イブン・アッディヤーィ以外の文献の関連部分の要点を見てみよう。

（ア）「天使たちが罪深き人間より自分たちのほうがアッラーの地上における代理として適切だと訴えたので、アッラーは怒られた。天使たちはそれを悲しみ、泣きつつ玉座の周りを三時間も回礼していたところ、アッラーは彼らを赦され、そして玉座の下に天使たちの礼拝所として『参拝の館』を創られた。それは緑の宝石の四本柱で、それを赤色の鋼玉が覆っていた。次いでアッラーは天使たちに、地上に同じような家を創って、そこの被創造者が礼拝できるようにすることを命じられた。他方、地上の被創造者には、その家で回礼するように命じられたのであった。[20]」

（イ）「天使たちに地上に家を創るように命じられたが、それはアッラーの下僕が、回礼できるようにするためであった。[21]」

（ウ）「天使たちに地上に家を創るように命じられ、地上の人たちにそれを回礼するように命じられた。それはアーダムによる建造と巡礼より二〇〇〇年前のことであった。[22]」

（エ）　上記（ア）と（イ）の説をくり返す。[23]

以上のようなばらつきが見られるのである。もし（ウ）説のようにアーダムの建造より二〇〇〇年前に天使が創ったとすれば、それは人間の現れる前となり、カアバ聖殿より以前にもともと多数の家があったということは難しくなる。

しかし（ア）説や（イ）説は、表現上はっきりしないが、被創造者が既に存在しているとの前提であれば、やはり地上に家がもともとあったというかたちで第四代正統ハリーファ・アリーの言葉が解釈されている見解に近づくかもしれない。

あるいは被創造者は他にはまだいなくても、アーダム自身が家を他に建造していたということなどあったのであろうか。しかしそのような話はいずこにも出てこない。(24)

多数の見方はやはり地上初の家は、カアバ聖殿であるということに落ち着いているのである。それは天使がアッラーの命によって創建したのであった。そしてその場所は他ならぬ、大地の初めであるマッカであった。

このあたりで、アーダムによるカアバ聖殿建造に移ることとしたい。

（3）人類の祖・預言者アーダムと息子シャイスたち

ア　アーダムの聖殿建造

人類の祖である預言者アーダムとそのカアバ聖殿建造については、一般に次のように言われる。(25)

地上初の住人は、知性はあるが善玉と悪玉の両方がいるジンであったが、それに次いでは地上のアッラーの代理人であるアーダムであった。近づいてはならない木に近づいて、楽園である天上の世界を追われた後、アーダムは地上に降り立った。[26]

そしてアーダムはインドなどを経て、またその妻ハウワー（イヴ）はシリアからアラビア半島に入り、ジェッダなどを経てから、二人はマッカ郊外アラファートの丘で再会を果たすことができた。再び結ばれた後も、アーダムは天使たちの声が聞こえなくなり、また他に誰もいなくて荒涼とした周りの様子に心細く思い寂しくもしていたので、アッラーを崇める聖殿を狭い谷（バッカ）に建造するように天使のジブリールを通じてアッラーの命が下された。

その場所を具体的に決める前に、アーダムはバッカの谷底を四〇回も回って祈りつつ確かめた。その地点に建てられたその当時の初の聖殿は、せいぜい石を積み上げただけのようなものであった。天使たちはその翼を地面に叩きつけて土壌を均《なら》し、また近隣の五つの山から岩を運ぶのを手伝った。またその後大半の民家はこの立方体への尊敬の念から、四角形ではなく円形に作られることが多かった。

この聖殿は、天の玉座の下にあって天使が周りを回っている礼拝所である「アルバイト・アルマアムール（参拝の館）」を雛形にして作るようにと、アッラーは命じられたという。そしてアーダムがその周りを回礼していると、天使たちは彼に、われわれは二〇〇〇年も前に巡礼したよ、と告げたという。

天使たちは館を回礼する際に唱える文言として、「アッラーを称賛する（スブハーナッアッラー）」、「アッラー以外に神はない（ラー・イラー・イッラッラー）」、「アッラーは偉大なり（アッラーフ・アクバル）」の三つを用いていたが、アーダムはそれらに「アッラー以外には手立ても、能力もない（ラー・ハウラ・ワ・ラー・クーワタ・イッラ・ビッラーヒ）」の新たな文言を追加した。

なおアルファースィーは上記とは異なる点や、追加情報を記載している。

一つは、アッラーはアーダムに天から「参拝の館」を降ろされたという点で、それは赤色のルビー（ヤークート）でできており、そしてその高さは地上から天まで届いていたとしている。[27]

またアルファースィーはアルアズラキーを引用するかたちで、岩を運んできた五山は次のとおりであったと記している。[28]

レバノン山、シナイ山、ザイター山（エルサレムを一望する地点にある）、アルジューディー山（イラクのモースル近郊でヌーフの方舟が地面に着いたとされる地点）、ヒラー山（マッカ近郊で預言者ムハンマドが啓示を受けはじめた洞窟がある）。

イブン・アッディヤーィもアルアズラキーを引用するかたちで、次のように述べている。[29]

アーダムが創建したのは、テント（ハイマ）であったが、そのテントは赤い鋼玉でできており、黄金の灯明に照らされていた。また同時にアーダムの座る所として、白い鋼玉も天から齎されたが、これが聖殿の黒石の起源であった。

他方、テントはアーダムが天から下ろされた時に伴って降りてきたもので、それはマッカに降りた後、カアバ聖殿ができてからは、それまでテントを使っていたアーダムの気持を慮って、聖殿の周辺に置かれることになったものだとする説もある。[30]

なおアーダムの妻、ハウワーには、彼女の犯した罪のために、このテントに入ることはもちろん、それを目にすることもアッラーは禁じられたので、彼女はそちらに目を向けなかった。

伝説だが、と断ったうえで、このイブン・アッディヤーィは次の話でアーダムのカアバ聖殿建造の顛末を締めくくっている。[31]

カアバ聖殿ができあがったので、アーダムは天使とともにアラファートの丘まで行き、今日まで継続されている巡礼の仕方を教えられた、それからマッカに戻り、そこで聖殿の周りを一週間にわたって回礼（タワーフ）した、そうして彼はインドへ戻っていった、と。

イ　息子たち

さてアーダムが亡くなった後は、その息子たちの世代に移る。

アーダムの子孫シャイスらは、アーダムの死後、古くなって崩れかけた聖殿に替えて、新たに同じ場所に泥と石でカアバ聖殿を再建した。しかし作業が続けられている最中にヌーフの時代となって、大洪水が始まった。[32]

他方で一部の伝承学者は、アーダムが創建した聖殿は大洪水にもかかわらず、預言者ヌーフの時代に存続したとしている。[33]

あるいは逆に少数派だが一部の伝承により、アーダムはテントを張ったにすぎなかったということから、最初のカアバ建造者を息子のシャイスに当てる人もいる。[34]

（4）預言者ヌーフと方舟

預言者ヌーフはカアバ聖殿を建造したのではなかったが、いろいろな関係があり彼抜きには聖殿史は語れないほどである。まず広く言われているところを見てみよう。

預言者ヌーフはアーダムの死後約八〇〇年ないし一〇〇〇年してから、アッラーに遣わされた。彼は預言者のうち人々に教えを広めることが命じられ、啓典を降ろされた者として、使徒と言われる初めであった。逆にそれまでの預言者は使徒とは言われないのである。

ヌーフはカアバ聖殿へ礼拝に訪れ、また彼のいわゆる「ノアの方舟」は洪水の中をカアバやその時に浮かび上がったアーダムの棺の周りを七周してから地表に着いたとも言われる。しかしカアバはこの洪水に流されて崩壊し、あるいは別の説によると建物は天上に避難させられ、そしていずれにしてもその後の多神教時代に荒んでしまい、ついにはその後の預言者イブラーヒームの時代までには、砂塵や流砂に埋もれ跡形さえなくなってしまった、というのである。

なおヌーフには三人の息子、サーム、ハーム、ヤーフスがあった。サームはアラブの祖先、ハームはスーダーン（注：ブラック・アフリカの意）、ヤーフスはペルシア、トルコ、ローマなどの祖先となった。これら三人は、現在のアラブ、スーダーン、ペルシアなどの土地を占めたが、これらに分割される前に中心となっていたのが、エルサレム、ナイル川、チグリス・ユーフラテス川の所在地で、これをサームが占めたことになる。

このように預言者・使徒ヌーフによるカアバ聖殿の再建は語られておらず、彼は再建者列伝には入っていない。しかし彼の聖殿との諸関係に鑑みてということであろうか、イブン・アッディヤーィなども節を改めて、ヌーフを取り上げている。[35]

いま少しヌーフの関連をその節から補足しておきたい。

カアバ聖殿はヌーフのときの大洪水のために天へ上げられたが、それが「参拝の館」となったという説もある。その場合は、「参拝の館」が天から降ろされてカアバ聖殿になった、あるいは「参拝の館」に似せてカアバ聖殿を天使たちが地上に創ったという整理とは異なってくる。[36]

また次も語られている。

方舟にはヌーフと一緒に八〇名の男とその家族が乗っていた。その舟に一五〇日間乗っていたが、その間にマッカの聖殿の周りを四〇日間にわたって周回していた。その後で着陸した地点は、イラクのチグリス川沿いのアルジューディー山であった（これは当初天使のカアバ創建に際し、石を持ってきた五山の一つ）。[37]

そして最初に鳥を外に出したが戻ってこないので、次に鳩を出したら乾いた葉っぱを持って帰って来た。それで水が引いたことを知った。そこでヌーフは山の麓に降りた。その時に八〇の言語が生まれ、アラビア語もその一つであった。言葉ができない人もいたので、ヌーフは彼らの代わりに話をした。

そしてマッカに行くと、カアバ聖殿のあった地点は流水も届かないような高さの土壌の赤い突起になっており、そこでは人々が相変わらず巡礼していたのであった。

（5）預言者イブラーヒームとその子孫

預言者イブラーヒームは純粋の一神教をもたらしたとして、預言者ムハンマド以前の預言者たちの中で最も大きく扱われる存在である。彼の時代から詳しい記述がクルアーンでも見られるので、いわば彼を文献にもとづく歴史叙述の初めと見なす風潮さえムスリム研究者の間では見受けられる。またそれだけにそのカアバ聖殿再興に関しても、多くが語られることになる。

そこで、ここでもまずその概略を辿ってみたい。[38]

ア　概　略

マッカへ水と食物を齎すきっかけとなったのは、預言者イブラーヒーム（ヘブライ語をよくした）の到来であった。彼はヌーフ当時の大洪水からほぼ一〇〇〇年後、紀元前二〇〇〇年ほどの時期に、シリア・パレスチナの方面から、エジプトの奴隷出身者であった妻のハージャルと息子のイスマーイール（マッカ到着後アラビア語を習得）を連れて、アラビア半島にやって来た。

そのマッカでの到着地点が囲い所（ヒジュル）のある場所であった。その後イブラーヒームがアッラーの命によりシリアに行っている間に、息子イスマーイールのために水を探してハージャルは奔走するが、それが巡礼中の早駆け（サアイ）の儀礼の起源となった。

そしてハージャルは他界し、到着した地点の囲い所に埋葬された。

イブラーヒームはマッカでカアバ聖殿の遺構を土中に発見したので、涙して新たに純粋な一神教のためにそれを再興した。そしてその聖殿へはその後の預言者である、ムーサー（モーゼ）やイーサー（イエス）も巡礼することとなった。

次には、クルアーンにおいてイブラーヒームとその息子イスマーイールによるカアバ聖殿建造に関連する言及は少なくないので、その主な個所を見ておきたい。最強の一次資料を確認しておくという趣旨である。

「われがイブラーヒームのために、（聖なる）家の位置を定め（こう言った）時のことを思いなさい。『誰も、われと一緒に配してはならない。そして回礼（タワーフ）する者のため、また（礼拝に）立ち（キヤーム）、留礼（ウクーフ）し跪く（サジダする）者のために、われの家を清めよ。』」（巡礼章二二・二六）

「われが人々のため、不断に集る場所として、また平安の場として、この家（カアバ）を設けた時を思い起せ。（われは命じた。）『イブラーヒームの（礼拝に）立った所を、あなたがたの礼拝の場としなさい。』またイブラーヒームとイスマーイールに命じた。『あなたがたはこれを回礼（タワーフ）し、御籠り（イウティカーフ）し、また立って礼拝（ウクーフ）し、跪く（サジダする）者たちのために、わが家を清めなさい。』」（雌牛章二・一二五）

「それからイブラーヒームとイスマーイールが、その家の礎を定めた時のこと。（その時二人は言った。）『主よ、わたしたちから（この奉仕を）受け入れて下さい。本当にあなたは全聴にして全知であられる。』」（同章二・一二七）

「イブラーヒームが（祈って）言った。『主よ、ここを平安の町にして下さい。その住民に、果実を御授け下さい。アッラーと最後の日を信じる者のために。』」（同章二・一二六）

イ　諸説の補足

概略において全体の流れは十分叙述されていると言える。以下は参考事項や異説を紹介するための補足として、各文献を渉猟する。

まずはイブン・アッディヤーィの記述から始める。[39]

（ア）　シリアから来る時には、一行三名は天馬（アルブラーク）に乗って、天使のジブリールが先導してマッカに到着した。イブラーヒームは妻ハージャルに対して、聖殿（注：ただし聖殿跡は赤土の盛り上がりで、それが聖殿の跡であることはまだ知らなかった）を小屋（アリーシュ）のようにして休むように言った。[40]

この時の言葉として、次のようにクルアーンにある。「主よ、わたしは子孫のある者をあなたの聖なる館の側の耕せない谷間に住まわせました。」（イブラーヒーム章一四・三七）

（イ）　イブラーヒームとイスマーイールの二人は石ころ混じりの土壌を掘り返しはじめた。そして盛り上がった所へイブラーヒームが立ったが、それが彼の立処となった。こうして聖殿の定礎が決められたが、この情況が上記のクルアーンの雌牛章二・一二七の啓示である。当時イブラーヒームは一〇〇歳、イスマーイールは三二あるいは二〇歳であった。

そして当時はまだ純白であたり一帯に光り輝いていた黒石は、大洪水の時に近くのクバイス山に避難させられていたので、天使ジブリールはイブラーヒームの再建にあたり、マッカの元の位置に戻した。それは人が回礼する際の起点の印にもなるのであった。またイブラーヒームのカアバ聖殿再建にあたっては、五つの山々、あるいは七つの山々から石が運ばれたが、やはり天使ジブリールらがそれを手伝った。[41]

またイブラーヒームの再興時は、南北約一六メートル、東西約一一メートル、高さ約四・五メートルほどで、現在よりも半分ほど低いが敷地面積は大きかった。[42] 聖殿北側の一辺は現在もイスマーイールの囲い所（ハティーム）として見られるように、半円形をしていた。また天井はなく、東西二つの扉は地面の高さで、それに覆い布（キスワ）が掛けられていた。

（ウ）　イブラーヒームとイスマーイールの二人が聖殿再建を終了した時に、アッラーは取っておきの褒美を二人に与えた。それは馬であった。そこで馬のことをフルスというのは、馬はライオンが早く走って獲物を得る（イフタラサ）ように動くからで、また馬をハイル（幻想）と呼ぶのは、その額の白い斑点（グッラ）で識別されるからで、またアラビーと呼ぶのは、イスマーイールはアラブ人だったからである。

（エ）　イブラーヒームは初めてズボン（スィルワール）を使用した人で、割礼は八〇あるいは一二〇歳、その後約八〇年生きた。イスマーイールの割礼は一三カ月目、イブラーヒームのもう一人の妻サーラの息子イスハーク（ユダヤ人の祖）は七日目に割礼した。

天使のジブリールに教えられながらイブラーヒームは息子イスマーイールと共に巡礼したが、知るという意味のアラファが地名の語源にもなった。それは預言者ムハンマドの巡礼に先立つこと、約三〇〇〇年前であった。イブラーヒームの巡礼の呼びかけに応じた最初の人たちはイエメン人であった。イブラーヒームはその後シリアに帰ってから死去し、もう一人の妻サーラの墓近くに葬られた。

次いでは、バーサラーマの豊富な記述を見てみよう。[43]とくにイブラーヒームがマッカに到着した時、東屋のような小屋と見立てた聖殿の残滓や、カアバ聖殿再建の様子が、上記の記述よりはっきりしてくる。

（ア）「家は地面から丘（ラービヤ）のように盛り上がっていた。それを洪水が、右と左のほうか

ら削り取っていた。」（アルブハーリー伝[44]）

（イ）　ハージャルは九〇歳で亡くなった。そしてイブラーヒームがシリアから戻ってくるが、そのときには息子イスマーイールは結婚していた。結婚相手は、アマーリカ族の女性とジュルフム族の女性の二人であった。（イブン・アリー・アルマスウーディー〔ヒジュラ暦三四六年没〕『黄金の牧場（マッルージュ・アッザハブ）』カイロ、一九六四年、三二〇ページ。）

イブラーヒームはイスマーイールと泉のザムザムの近くで再会し、家を作るようにとのアッラーの命令が下ったことを告げ、作業を手伝うかと聞いたらば、イスマーイールはそうすると言った。盛り上がっている所に定礎を置き、イブラーヒームが建設、イスマーイールは石運びをした。このときの彼らの言葉が、「主よ、わたしたちから（この奉仕を）受け入れて下さい。本当にあなたは全聴にして全知であられる。」というクルアーンの文言（雌牛章二・一二七）であった。

（ウ）　イブラーヒームは石を積み上げるのが高い位置になって疲れたので、石の上に立って作業した。これがイブラーヒームの立処（マカーム）である。このマカームを聖殿の近くに置きなおし、イスマーイールが石を持ち上げた。（アルブハーリー伝[45]）

（エ）　家跡は、赤くて丸い盛り上がりになっていた。しかしその盛り上がりは、天使の建造した聖殿跡なのか、天地創造のときに水の泡で盛り上がった跡なのか、あるいは鋼玉の形なのか、あるいはアーダムの建造した聖殿跡なのかは、何も証拠がなくて判断しようがなかった。（アッタバリー『クルアーン解説』[46]）

（オ）　イブラーヒームはアーダム当時の礎石に達した。その時に、アッラーはイブラーヒームに対して平安（サキーナ）を送り、それは「家」の場所の上に雲を呼んで影を作った。その上に、高さは九ズィラーウ、長さ三〇ズィラーウの大きさに建造した。石を積み上げたが、その場所は以前にイスマーイールが羊を飼っていた所であった。天井はなく、扉を設けその扉の側に穴を掘って聖殿への献上品の貯蔵庫とした。（イブン・ハジャル・アルアスカラーニー『アルブハーリーの預言者伝承解説』）[47]

（カ）イブラーヒームの立処の石はイスマーイールが持ってきたものの一つであった。建造終了後、イブラーヒームはその上に立って、あなた方の主に応えなさい、と人々に呼びかけた。そこでエルサレムから彼のもう一人の妻、サーラとその息子イスハークもやって来て、巡礼をした。その後、イブラーヒームはシリアに戻ったが、そこで帰らぬ人となった。（イブン・ハジャル・アルアスカラーニー、同上）

（キ）イブラーヒームとイスマーイールは元の聖殿の場所がはっきりしなくて困っていると、アッラーが頭は蛇の形で二つの翼を持った風を送られて、それが最初の家の礎の場所を示してくれた。そして作業が開始されたが、イブラーヒームはすっかり疲れてイスマーイールにもっと石を持ってくるように頼んだところ、イスマーイールも同様に疲労困憊していた。そこへ天使のジブリールがインドから黒石を届けてくれたのであった。それはアーダム当時天上から持ってこられたものだが、その頃は白かったのが、人間の過ちのために黒色に変色していた。（イブン・カスィール『クルアーン解説』）[48]

（ク）イブラーヒームの建造の時には、建物の角は南側の二つしかなくてそれと反対の北側は円弧状になっていた。クライシュ族の再建の時に四つの角が設けられた。石は五山から持ってきたという説と、五ないし七つの山から持ってきたという説もある。それらには、クバイス山（マッカ近郊）、シナイ山、エルサレム、ワラカーン山（マッカとアルマディーナの間）、リドワー山（アルマディーナとヤンブウ間）、ウフド山（アルマディーナ近郊の古戦場）が上げられる。（アルファースィー『聖地情報の飢えを癒すこと』第一巻、一二七ページ）

以上をまとめて、バーサラーマは次のように言う。[49]

最後の七つの山の話は、確かな預言者伝承もないので、おそらくは後から改竄し、あるいは付け加えられたもの（イスラーイーリヤート）であろう。確かなことはアッラーの命令によってイブラーヒームは建設し、イスマーイールがそれを手助けした、そして聖殿は石造りで、その大きさは、高さ九腕尺（ズィラーウ）、北側二二腕尺、南側二〇腕尺、東側三二腕尺、西側三一腕尺であった。扉は上に持ち上げず地面に着くような位置に、東西に二つ設けた。内部に穴を掘って貯蔵庫としたが、それには蓋も扉もなかった、ということだ、と。

（6）諸部族の支配とカアバ聖殿再建

ア　概　略

時代が乱れた世となると、さまざまな多神教の民がヒジャーズ地方を含めたアラビア半島を闊歩した。中には偶像崇拝がはびこった時代もあった。しかし彼らもカアバ聖殿の再興にあたっていたのであった。

ここでもまず概略で全体を示したい。[50]

まずアマーリカ（注：巨人の意）と呼ばれる一族の支配が続いた。彼らの実態は不詳である（注：

アラビア半島北西部にあるマダーイン・サーリフ遺跡やヨルダンのペトラ遺跡を作ったナバティア人と比定されることもある）。この一族はイブラーヒームの建造したカアバを崩壊させ土中に埋めた連中だが、他方で再興者にも上げられている。埋めたのと再興したのが時代的にずれるのか、また同じ部族にも種々の派閥があったのか、その事情は不明である。

次いでイエメンからジュルフム族が到来し、これらの部族から預言者イブラーヒームの息子イスマーイールの配偶者が出た。ただしアマーリカとジュルフムの時代はある程度重なっており、事実多くの場合、イスマーイールの前妻はアマーリカ、後妻はアラビア語を話すジュルフム族出身者であったとされる。ジュルフム族はほぼ三〇〇年間支配し、彼らは預言者イブラーヒーム当時の聖殿を再建した。

次いで支配権を握ったのは、アラブのフザーア族であった。この部族がマッカにフバル神と呼ばれる偶像を齎したと信じられている。そのマッカ支配の時代は約五〇〇年間続いたとも言われる。ただしこのフザーア族は聖殿を大切に守っていたが、再興者に数えられてはいない。

フザーア族に代わって権力を掌握したのが、クサイユ・ブン・キラーブと称される人物である。彼の一族はその蛮勇ぶりでジャーヒリーヤ詩でも名を馳せている。クサイユの出自はクライシュ族であり、彼は預言者ムハンマドの五代前の祖父にあたる。[51]

こうして支配権は預言者ムハンマドの出ることになるクライシュ族に移ることとなった。[52]預言者ムハンマドの祖父アブド・アルムッタリブの名前がカアバ聖殿の再興者に挙げられることもある。

またムハンマドは若い頃、クライシュ族がカアバ再建にあたった時、その工事に参画して指導力を発揮した。黒石を誰が本来の場所に安置するかでもめた時に、それをまず布の上に置いて、それからその端を部族の代表に持たせて平等な参加を確保することによって、無事終了したという逸話も残されている。しかしこれはイスラーム以前の支配部族として再興にあたったのであった。

当時有名な偶像にはフバル、アッラート、アルウッザー、ザート・アンワートなどと呼ばれていたものがあった。そして預言者ムハンマドがマッカを取り戻した西暦六三〇年、勝利の日（ヤウム・アルファトフ）には、三六〇の偶像が立ち並んでいた。預言者は自らが枝を手にして、これらの偶像を砕いたと伝えられる。

もちろん聖殿内の柱などに掛けられていた絵画もすべて、預言者ムハンマドのマッカ征圧の日に直ちに除去された。こうしてなんと彼は、カアバ聖殿清掃人の初めとされることにもなった。

イ　アマーリカ族

アマーリカの正体ははっきりしていないが、預言者イブラーヒーム後早い時期にヒジャーズ地方を支配した一族とされている。彼らが傷んできていた預言者イブラーヒームの聖殿を再建したとも言われるが、詳細は判明しない。同時にその時期についても異説がある。

アルアズラキーとほぼ同時代のアルファーキヒーの史書によるとアルアズラキーとは異なり、ジュルフム族がアマーリカよりも先に聖殿を再建したとしている。(53)

アマーリカのほうがジュルフム族よりも早くに支配権を握っていたが、ある時期には重なったこともあったのが、このような説の出てくる原因であろうと、バーサラーマは述べている。(54)

ウ　ジュルフム族

ジュルフム族のカアバ聖殿建造がアマーリカ族のそれよりも後であることをはっきりさせたいとして、バーサラーマが多くの文献を渉猟した後に取り上げたのは、アルマスウーディーの『黄金の牧場』の記述であった。それが一番豊かな内容であるとしつつ引用しているが、その要点は以下のとおりである。(55)

　預言者イスマーイールの没後、その息子であるナービットが建造を進め、さらにそのナービットを倒したジュルフム族が引き継いだ。そのときのジュルフム族の王の名前はアルハーリス・ブン・ムダードと言われた。彼はマッカの北方の山に居を構え、マッカの取引を仕切っていた。他方、アマーリカの王の名前は、アッサミーダウ・ブン・フード・ブン・ヒドル・ブン・マーズィンといって、彼はマッカの南方からマッカの取引を支配したが、結局ジュルフム族に敗北した。ジュルフム族の支配は約三〇〇年間続けられた。

　ジュルフム族最後の王は、上記のアルハーリスの孫、アルハーリス・ブン・ムダード・アルアスガルであったが、彼の時も聖殿建造は続けられた。そしてついに預言者イブラーヒームの時の規模を取り戻すことができた。

　なおジュルフム族の時代に、カアバ聖殿の献上品など宝を貯蔵しておく穴に入って盗もうとした者が出た。それは捕獲され盗難は免れたが、ジュルフム族は事後の盗難を防ぐために、頭は白色で腹は黒い蛇を穴に住まわせた。その蛇はその後、五〇〇年間生きていたという。(56)

ついではイブン・アッディヤーィの記述からいくつか補足しよう。(57)

イスマーイールは一三〇歳まで生きたが、その間に一二人の息子をもうけた。その一人が、サービットと呼ばれた。[58] 彼は一〇人の息子を持ったが、その子孫のジュルフム族はマッカ北方に根拠地を設け、その地名はカイクアーンと呼ばれた。彼と対抗したアマーリカのアッサミーダウはマッカ南方に根拠地を構え、そこはアジュヤードと呼ばれた。前者のカイクアーンは、武器が激突する時の音であるカアカアの擬音として用いられたところから来ている。後者のアジュヤードは、アッサミーダウが使用した馬が素晴らしい（ジャイイド）ものであったことから来た。両者とも彼らの間の戦いが、その由来となっているのである。

　アルハーリス王の孫ムダードは、洪水で流された聖殿の再建にあたり、見事に預言者イブラーヒーム時の建物の再現に成功した。高さは九ズィラーウとなった。しかしムダードの努力にもかかわらず人々は聖殿をないがしろにしはじめて、とどのつまりは盗賊が宝物穴に盗みに入る事件まで起こった。五人の盗賊団でそのうちの一人が穴に落ち込んで捕まったが、四人は逃げおおせた。アッラーは、頭は山羊のようで背中は黒くて腹側は白い蛇をそこへ送り込まれて、事後の再発を防ぐようにされた。この蛇がいなくなるのは、五〇〇年も経った後のクライシュ族の再建の時代になってからであった。

　この長い間にカアバ聖殿に良からぬことをする者は、蛇の守りとアッラーの意思によって必ず潰されてきた。そこからマッカの呼称として、アルバーッサ（潰す）、あるいはバッカ（絞める）というのが出てきた。

エ　フザーア族

フザーア族は完全にアラブ人であったが、カアバ聖殿の再建者には上げられない。実際これまでもしばしば言及してきたバーサラーマの著作には、この部族については全く記載されていない。他方でイブン・アッディヤーイはマッカの支配者として記述をしている。[59]

フザーア族とジュルフム族との間に生まれたアムル・ブン・ルハーという人物がマッカ支配を齎し、彼とその子孫はほぼ五〇〇年間その地方を統治した。しかしその間はさまざまな異教徒的習俗がはびこった時でもあった。

なんといっても偶像のカアバ聖殿への搬入があった。また子だくさんの家畜の耳に長い切り口をつけて邪神に捧げる（バヒーラ）、旅行の安全帰還や病気の全治の際の雌ラクダの釈放（サーイバ）、偶像へのお供え物（ワスィーラ）、邪神へ捧げる種ラクダ（ハーミ）などがあった。[60] また酒、賭け矢（マイスィル）、偶像、占い矢（アズラーム）などの風習が挙げられている。[61]

フザーア族最後の支配者は、ハリール・ブン・ハバシーヤと呼ばれた王であった。マッカの支配者であったが、ジュルフム族の時代以来、カアバ聖殿に関しては一切の損害も与えなければ、逆に何も建造せず、また何も盗まなかった、とされる。聖殿を尊崇し、守護していたのであった。

（7）クサイユ・ブン・キラーブ一族と聖殿管理権

フザーア族に代わって権力を掌握したのが、クサイユ・ブン・キラーブと称される人物であった。彼の一族はその蛮勇ぶりで、ジャーヒリーヤ詩でも名を馳せている。

クサイユは資金を集めて、まずカアバ聖殿を壊してしまい、それと同じような建造物を建てたとされている。そしてそれにヤシの木とナツメヤシの枝で天井を設けた。また大きさは、原則的に預言者イブラーヒームの礎石にもとづいていた。[62]

クサイユ・ブン・キラーブの出自はクライシュ族であり、預言者ムハンマドの五代前の祖父にあたる。彼はマッカ統治やカアバ聖殿管理維持の仕事を区別・整理して、責任分担を決めた。それほどまでに、聖殿関連の業務が増大し、整ってきたという傍証でもある。[63]

クサイユは近隣の部族であったカナーナ族やカナーア族も味方につけて、フザーア族に対して首尾良く戦いを進めた。そしてマッカ支配とカアバ聖殿管理を掌握してからは、その二人の息子（アブドゥッダールとアブド・マナーフ）に、その重要な役職である鍵係と給水係の責任を分掌させた。それらは六三〇年、預言者ムハンマドによるマッカ征圧以降どうなるかは確定していなかったが、結局、アッラーの命とムハンマドの言葉により、同じ家系で継続されることとなった。また当然、それらは末永く名誉ある任務となったのであった。

マッカ征圧後、初めてカアバ聖殿に預言者ムハンマドが入殿した後、次の啓示が降ろされた。それに従って、カアバ聖殿関連の役職は元どおりの家系に委ねられることとなったのであった。

「誠にアッラーは、あなたがたが信託されたものを、元の所有者に返還することを命じられる。」

（婦人章四・五八）

またアブドゥッダールに委ねられた鍵係（サダーナ）については、預言者伝承にも次のように記されている。

「それ（鍵）を最後の審判の日まで持っていなさい、旧家で永劫の家柄であるタルハの息子たちよ。あなた方からそれを取り上げるのは、不正を働く者である。[64]」

「無明時代のすべての事柄はわたしの両足の下にある（注：掌握した）。しかし家（聖殿）の鍵係と給水係は別だ。[65]」

「シャイバ家の人たちよ、ここに鍵がある。習慣に従って食べなさい（注：適切に行動せよ。）[66]」

この最後の文言「習慣に従って食べなさい」というところを、シャイバ家は聖殿に入る人から入場料を取っていいと解釈する向きがあるが、それは全くお門違いであり、寄付などしかるべく従来どおりのものは受け取って差し支えないという意味だと、イブン・アッディヤーィは釘を刺している。[67]

なおアブドゥッダールにはカアバ聖殿関連の他の二つの権限も与えられた。それは集会所係（ダール・アンナドワ）と旗係（リワーゥ）であった。

他方、クサイユ・ブン・キラーブの息子の一人であるアブド・マナーフの責務の一つは、巡礼者への食料供給係（リファーダ）であった。これは巡礼で困っている人たちに食料をハーシム家の負担で提供するというものであった。これらの困窮者にたらふく食べさせるのは大変に費用がかさんだところから、家名であるハーシム（破産する）が出てきた。[68]

いずれにしてもこの役職は、初代正統ハリーファ・アブー・バクルが継承すると、その後は歴代のハリーファがミナーの地点で家畜の犠牲を行って、大盤振舞する慣行になっていった。またさらには、それは巡礼月だけではなく、ラマダーン月でも実施されるようになった。

次に給水係（スィカーヤ）について見よう。マッカでは、以前から泉や井戸が掘られてきていたが、知られた名前ではハンム泉、マイムーン・アルハドラミー泉、アルアジュール泉などがあった。

そこへ預言者ムハンマドの祖父アブド・アルムッタリブ・ブン・ハーシムが、預言者イスマーイール縁のザムザムの泉を、夢のお告げのとおりに再開削した。これ以降はこの豊かな泉のお陰で、新たな泉を開く必要もなくなったくらいであった。この水は当初は大変に苦いくらいの水質だったので、それに蜂蜜やヨーグルトなどを入れてから飲料にしたそうである。

このアブド・アルムッタリブの息子の一人アッバースからアッバース家が生まれ、ハーシム家の中でもこの家系が給水係を継承することとなった。そしてこの給水係も、預言者ムハンマドのマッカ征圧後、彼が聖殿から出てきて、従来どおりの責務をハーシム家に任せると述べてから確定したものであった。

ザムザムの泉には二つ湧き出る源泉があって、一つは飲料用に、もう一つは洗浄用に用いられた。[69]

最後に、軍の指揮権（キヤーダ）も給水係と同様にアブド・マナーフに委ねられた。彼の子孫が預言者ムハンマドの歴戦（バドルの戦い、ウフドの戦い、部族連合との戦いなど）の際、ムスリムの軍隊を指揮したのであった。その中から有名な司令官アブー・スフヤーン・ブン・ハルブ（西暦六三五年頃没）などが輩出した。

（8）アブド・アルムッタリブ

預言者ムハンマドの祖父であるアブド・アルムッタリブ（生没年不明）が、クサイ・ブン・キラーブの後でありクライシュ族による再建の前に、カアバ聖殿を建造したことがあったと記してあるのを見たことがあると、アルファースィーは記述している。[70]

実に種々ある関係書の中でも、アブド・アルムッタリブの建造についてはこのようにアルファースィーが取り上げているだけである。しかしアルファスィーにしても、それ以外に見たことはなく、「何か幻想かもしれない、アッラーのみぞ知る。」と結んだ。

このことに触れたバーサラーマはその著において、「アルファースィーが言及するのは、見落としがないことを読者にも知ってもらうためである」として、アブド・アルムッタリブの建造があったかどうかの点については、直接は取り組んでいない。そして「アッラーが一番良くご存知である。」と結んでいる。[71]

アブド・アルムッタリブはカアバ聖殿の扉に鉄製の扉を取り付けて、それを金で飾ったが、それが聖殿を金で装飾する初めであったとされる。[72] またザムザム水の泉を掘り当てた時に出てきた、金糸織りを使用して聖殿を飾った。

なお預言者ムハンマドが生まれて時を置かずに、彼をカアバ聖殿に連れて行って礼拝を上げたこともあったとされる。

（9） クライシュ族

ア　エチオピア象部隊の聖殿攻撃失敗[73]

イエメンにアルカリースと呼ばれる大きな教会を建てたキリスト教徒でエチオピア人のイエメン太守アブラハは、アラブがカアバ聖殿へ向かって礼拝するのをやめさせて、アルカリースに振り向けようとした。ただしこの背景には、ペルシアとの抗争のために、ローマがエチオピアをけしかけてヒジャーズ地方一体をキリスト教の土地に変えさせようと企てていたとの見方もある。いずれにしてもこの戦闘のために、エチオピアから象の軍隊が派遣されたが、それはものの見事に打ち破られた。それは象の年と言われる西暦五七〇年にあたり、預言者ムハンマドの生年にもあたるとされる。[74]

この象部隊の敗北の一幕については、クルアーンに描かれている。

「あなたの主が、象の仲間に、どう対処なされたか、知らなかったのか。かれは、かれらの計略を壊滅させられたではないか。かれらの上に群れなす数多《あまた》の鳥を遣わされ、焼き土の礫《つぶて》を投げ付けさせて、食い荒らされた藁屑《わらくず》のようになされた。」（象章一〇五・一－五）

この象の数については、八頭、一二頭、あるいは一〇〇〇頭、またはアブラハ用の一頭だったと、さまざまな説がある。また多数の鳥の色は、黒色、あるいは緑、または白色などといわれる。月はムハッルラム月であったことは一致しているが、日取りについては第一日、あるいは月半ば、または月末から一三日前だったとの説に分かれている。[75]

イ　クライシュ族の聖殿建造

何回も洪水に遭い、また火事や盗難もあり、クライシュ族は聖殿をすっかり改築することとした。預言者ムハンマドが三五歳の時であった。[76]

クサイユの息子二人のうち、アブド・マナーフらには黒石角からイスマーイールの囲い所までの正面が任せられ、アブドゥッダールらには囲い所から南西のイエメン角までが任せられ、さらに残りのイエメン角から黒石角まではクライシュ族の別の者に任せられた。

　工事の過程で黒石を安置する段階になり、誰もがその権利を主張したので、結局東側にある有名なバヌー・シャイバ門（あるいはその南にあるサファー門）から入ってくる最初の人にそれを任せることで妥協が成立した。ところがその最初の人物が若き預言者ムハンマドであった。彼は皆から、アミーン（信頼できる）と日頃から呼ばれていたくらいであり、彼に大任を委ねることについてはすぐ合意が得られた。しかしムハンマドがしたことは布を広げそこに黒石を置き、クライシュ族の代表者たちにそれを運ばせて安置したのであった。[77]

　このクライシュ族の再建により、北側の一辺が三・二五メートル南に下がり、結果としてイスマーイールの囲い所は聖殿の外に出てしまった。これは高さを伸ばした分、合法的な資金でイブラーヒーム当時の南北の辺の規模を再建することができなかったためである。そしてこの縮小した形で現在も継承されている。

　他方で高さは九ズィラーウを倍の一八ズィラーウにした。天井を設けたので、雨樋（ミーザーブ）を作って雨水がイスマーイールの囲い所に流れ落ちるようにしたともいわれる。天井の素材はジェッダ（当時はシュアイバと呼ばれた）の沖合にいたローマ商船の木材と、それに石材を併用した。また北東角（当時はシリア角と呼ばれたが、後にはイラク角となる）の内側に階段を設けて屋上に出られるようにした。

　入り口近くの宝物収蔵庫の中の蛇は、それまでは侵入者を攻撃していたが、クライシュ族が再建するために聖殿を壊す段になると、それを知ってか姿を隠すために鷲のような鳥に連れられて去っていった。それまで五〇〇年間生きていたのであった。この鷲こそはアクサー（一番遠い、という意味）という名前で、最後の審判の日に人々に話しかける動物だと信じられている。[78]

再建のため聖殿の礎石を壊しはじめたのは、一族の長老アルワリード・ブン・アルムギーラと呼ばれる人物であった。彼は自分の先が長くないので、万が一アッラーの怒りを買っても思い残すところはないとしてその役割を申し出たのであった。しかしことは無事に進み、イブラーヒームが置いた聖殿の礎石まで掘ることができた。その石は一つ動かすのに三〇人の成人男子がかかってもやっとというほどであった。その石に次の言葉がシリアック語で書かれていた。

「われはアッラーでバッカの主、われはそれを、天地を創造し太陽と月を描いた日に創った。そしてそれを七人の純粋な天使で取り囲んだ。マッカの二つの山がなくなるまでは、それはなくならない。その住人に水と乳の恵みを。[79]」

なおこの時代のカアバは毎週月曜日と木曜日に開かれて、中に入る前には履物は脱ぐ習慣であった。妊娠中の女性がカアバ内で出産する騒ぎなども記録されている。[80]また聖殿を回礼（タワーフ）する際は裸になってする慣習であったが、これもイスラームにより改められることとなる。

ウ　偶像と絵画[81]

カアバ聖殿内には改築後も、多数の偶像や絵画がひしめいていた。

預言者イブラーヒームらが掘った聖殿の井戸の横に置かれたフバル神を拝むようにクライシュ族は人々に強要した。その右手は折られていたので、クライシュ族は金でそれを作り直した。

他には、サファーの地点にナヒーク・ムジャーウィッド・アッリーフ（良風）と呼ばれる偶像が、マルワの地点にはマトアム・アッタイル（鳥のレストラン）と呼ばれる偶像があり、またマナート、アッラート、アルウッザー、ザート・アンワートなどの偶像神が広く知られていた。それらの偶像の多くは岩だったが、アルウッザーとザート・アンワートはヤシの木であった。

いずれにしても預言者はマッカ征圧の日に、三六〇体の偶像すべてを破壊し、焼却処分した。三本のヤシの木を合わせた格好のアルウッザーを破壊するのには、その後有名になった司令官で、武勇伝に満ちたハーリド・ブン・アルワリードの剣を必要とした。

それまで偶像にはさまざまな供物が並べられたり、礼拝をしたり、迷信がつきまとっていた。巡礼着を着用したら自分の家には入らない、どうしても入る必要があれば裏口からしか入れないというのもその一つだったが、それについては次の啓示が降りた。

「またあなたがたが、自分の家の裏口から入るのは善行ではない。凡そ善行とは、主を畏れることである。だから家に入るには、正面から入りなさい。」（雌牛章二・一八九）

あるいは、ムハンマドの伯父で強くイスラームに抵抗して「炎火の父（アブー・ラハブ）」と呼ばれた人が、ウッザー神の除去に反対した時に降りた啓示は次のものであった。

「アブー・ラハブの両手は滅び、かれも滅びてしまえ。」（棕櫚章一一一・一）

またザート・アンワートを破壊する時に、預言者は人々への戒めとして次の啓示に言及した。

「『ムーサーよ、かれらが持っている神々のような一柱の神を、わたしたちに置いてくれ。』かれ（ムーサー）は言った。『本当にあなたがたは無知の民である。』」（高壁章七・一三八）

このようなクルアーンの言葉から、一言で偶像の処分とは言っても、容易な事態でなかったことが十分推察できる。

それは絵画も同様であった。クライシュ族は聖殿に天井を設けたこともあり、聖殿内部には南北に二列の柱の列が設けられ、柱はそれぞれ三本ずつ、合計六本置かれた。それらの柱には、預言者たち（イブラーヒーム、イーサー、その母マルヤムなど）、天使たち、樹木などの絵画が掛けられた。マッカ征圧の日には、これらの絵画は預言者ムハンマド直接の指示によって処分されねばならなかった。

エ　諸説の補足

（ア）以上のところは、多くをアルファースィーに拠ってきたが、以下はバーサラーマの記述から断片的ながら関心を呼ぶ諸点を補足した。[82]

＊クライシュ族が木材をジェッダ沖に座礁したローマの船から取ってきた時に、ローマ人の大工がいたので、それも一緒にマッカに連れてきた。その大工の名前は、バークームと言った。

＊クライシュ族の聖殿建造は、預言者イブラーヒームの建造から二六四五年経っていた。[83]

＊クライシュ族が到達した聖殿の礎石には、三枚の岩盤にアッラーの言葉が書かれていた。第一は、「われはバッカの主、アッラーだ。太陽と月を創った日に、それを創った。」第二は、「われはバッカの主、アッラーだ。慈悲を創ったが、それ（マッカ）の名をわれの名前にならってつけた。だからそこに到着する人には、われが会う。しかしそれから遠ざかる人は、われが遠ざける。」第三は、「われはバッカの主、アッラーだ。われは善と悪を創った。善を行うものには、われの好意をその

両手に、悪を行うものには、われの呪いをその両手に。」[84]

＊誰が黒石を安置するかで大変もめた。その時、アブドゥッダールは瞼を血で一杯にして近づいてきた。皆はその血に手を入れて誓いを立てようとした。それからそれは、「スプーン一杯の血」と呼ばれた。そして四、五日はまだ決まらないで議論していたので、最年長のアブー・ウンミーヤ・ブン・ムギーラが、最初に聖マスジドの門をくぐって入ってきた人にそれを委ねようと進言した。[85]

＊（イ）以下はバーサラーマがナジュム・アッディーン・ブン・ファハド（ヒジュラ暦八八五年没）『人々へのウンム・アルクラー情報の贈り物』（全三巻）から抽出した記述である。バーサラーマ自身が補足情報として記述しているものであるが、クライシュ族の長老として二人の人物が絡み合って関係していたことがわかる。

＊ジェッダ沖のローマ船から木材を取得する交渉をしたのは、長老のアルワリード・ブン・ムギーラであった。聖殿建設にあたったクライシュ族を四つに分けて、聖殿の四面にそれぞれ担当を決めたのも、アブー・ウンミーヤ・ブン・ムギーラであった。（注：アルファースィーが、聖殿の礎石を壊し始める役を買ったとしていたのは、前者のアルワリード。）

＊聖殿は約六ズィラーウほど短い形で再建された。それに扉を高いところに作って、洪水や盗賊から守るように助言したのは、アブー・ウンミーヤ・ハズィーファ・ブン・アルムギーラであった。彼はシャイバ門から初めに入ってくる人に、黒石の安置問題を委ねようとも助言した。そして預言者ムハンマドの考えによって広げられた布はシリア製で、それは長老のアルワリード・ブン・アルムギーラの持ち物であった。アブー・ウンミーヤ・ハズィーファ・ブン・アルムギーラはその布の四

辺の一つを持つこととなった。

＊わたくしはほとんどのマッカの歴史書を渉猟してきたが、クライシュ族によるカアバ聖殿建造については、以上がその主要点である。アルアズラキー、アルファースィー、イブン・ズハイラ、クトブ・アッディーン、アルムヒッブ・アッタバリー、アリー・ブン・アブド・アルカーディル・アッタバリー、アッサンジャーリーなどの記述が、マッカの歴史書の主なものである。それらに追加する内容の歴史書は他には見当たらない。なおアルファーキヒーの歴史書は、直接に見ることはできなくて、他の史書の引用個所に頼ることとなった。さらにはアルブハーリーとムスリム両名の預言者伝承やその解説、そしてイブン・ヒシャームの預言者の伝記とそれへのイブン・イスハークの解説は入手して、直接当たることができた。[86]

このようにバーサラーマは自らのカアバ聖殿史のクライシュ族によるカアバ聖殿建設に関する一章を閉じている。「追加する内容の歴史書は他に見当たらない」としながらも、その章の最終部分でかなり長く参照したのは、上に見たとおり、ここに名前を連ねていない、ナジュム・アッディーン・ブン・ファハド（ヒジュラ暦八八五年没）であったのである。

いずれにしてもほぼ二〇〇にのぼるマッカ史関係書に目を通したとされる彼の卓抜した博識ぶりからして、このまとめの言葉には信頼性と重みを感じさせられる。[87]

(10) アブドゥッラー・ブン・アッズバイル

ア 概 略

まずはアルファースィーに従って、イブン・アッズバイルによる再建の様子全体を見てみよう。[88]

時はウマイヤ朝で世襲制度が導入され、それに反対して反乱を起こしているマッカに支配権を確保しようとした、同朝第二代ハリーファ・ヤズィード一世は、西暦六八三年、軍を派遣してカアバ聖殿も攻撃した。同ハリーファに反旗を翻していたのは、アブドゥッラー・ブン・アッズバイル（西暦六二四－六九二年）であった。

ちなみにイブン・アッズバイルは、六四五年頃、第三代正統ハリーファ・ウスマーンがクルアーンの完全な原本複製の作業にあたるための四人委員会を結成した際の、メンバーの一人にも選ばれていた人物であった。

ところでウマイヤ朝軍の攻撃が始まって、聖殿は投石器の襲撃に遭い、また近くに張ってあったマッカ防衛軍のテントから火の粉がカアバ聖殿の覆い布であるキスワに飛んでしまい、かなり炎上した。そして鳥が止まってもぐらぐらするほどに、すっかりほころびてしまったという。

同年、ヤズィード一世は他界して、戦闘は終わった。その直後、賛否両論の中をイブン・アッズバイルは聖殿の取り壊しと再建を決定した。反対派のほうが多く、その強力な一人が預言者伝承を伝えて知られるイブン・アッバースであった。聖殿を崩す時、人々はアッラーの怒りを畏れ、ある預言者伝承に則りエチオピア人の労働者も使われた。あるいは、試しに上から石を投げたがそれが当たった人は傷つかなかったので、全員安心して作業についたともいう。

取り壊し作業は、西暦六八四年、ヒジュラ暦六四年、ジュマーダー・アルウーラー月（五月）半ば（土曜日）に始められた。ただし年は、ヒジュラ暦六五年だったとする説もある。建設は進み、半年ほどかけて新装成った。他方でそれは二カ月ほどだったとの説もある。

聖殿の面積はイブラーヒーム当時のものに戻して、囲い所を聖殿内部に取り込んだ。その際には北側の一辺は、イブラーヒーム当時のように半円形ではなく直線となった。また扉は東と西側両面に、地面の高さに戻して取り付けた。聖殿の高さは、さらに九ズィラーウ高くなり、計二七ズィラーウに達した。また現在もそうであるように、内部の柱は六本から三本に減らし、同時に天井は一メートル間隔の二重構造にされた。

黒石を誰が置いたかについても異説がある。イブン・アッズバイル自身だとの伝えもある。別の説は、昼の暑い礼拝時間に、息子ともう一人に布に包んで黒石を運んで安置してしまうように命じたという。人が争うことを避けるためであった。また息子のうち、誰であったかについても異説がある。したがって、イブン・アッズバイルを入れて、合わせて四人にその可能性がある。

イ　次いでバーサラーマの著作から関心が持たれる諸点を補足しておきたい。[89] それはイブン・アッズバイルがなぜ、クライシュ族の様式ではなくて、預言者イブラーヒームの規模に引き戻したのかという、重要な発端をはっきりさせてくれる。

＊ムスリム他多数の伝承集に伝えるところでは、イブン・アッズバイルは預言者の妻アーイシャから、

もしジャーヒリーヤの時代でなければ、自分（預言者ムハンマド）は聖殿を取り壊し、再建にあたっては（クライシュ族が）外に出してしまった部分をまた中に入れ、扉は地面の高さに戻し、（礼拝者の流れを良くして内部の混雑を避けるため）東西に戸口を設けるだろうと預言者ムハンマドが言ったと述べているのを、直接に聞いたことがあった。これがイブン・アッズバイルの再建の方針を決めた。

＊イブン・アッズバイルがカアバ聖殿を取り壊す方針だというので、（マッカ東方約五キロの）ミナーの地点までアッラーを畏れて避難した人も多かった。三日間逗留したが、何も起こらないのを見て、イブン・アッズバイルは聖殿の壁を登って自分で取り壊しはじめた。[90]

ウ　最後には前の節と同様、バーサラーマが、ナジュム・アッディーン・ブン・ファハド（ヒジュラ暦八八五年没）の著作から選択したものより抜粋して補足したい。[91]とくに三つ目の情報は、どのようにして、預言者イブラーヒームの時代の礎石を確認できたかに関する貴重な情報である。

＊ウマイヤ朝軍を指揮していたのは、アルフサイン・ブン・ヌマイル・アルインディーという人物だったが、彼は投石器をマッカ近くのクバイス山やクアイキアーン山に設置して、約五万発を打ち込んだ。そこで聖殿を守るために聖殿のまわりに木材の壁をマッカ側は立てたが、それも十分ではなかった。しかし聖殿の火事の直接の原因は、風の強い日でマッカ防衛の自軍のテントの火が飛んだという説もある。他方、イブン・ヌマイルが石油を投げ込んだともされた。ただそれは、同人が否定した。

＊聖殿取り壊しの際に、エチオピア人奴隷にも登らせたのは、「エチオピア人で二本の枝を持った者が、カアバ聖殿を壊す」というアルブハーリーやアフマド・ブン・ハンバルが伝える預言者ムハンマドの言葉に従ったのが、その理由であった。ただしこの伝承が言及している事件は預言者イーサー（イエス）の時代であったとか、あるいはまたクルアーンが降ろされた後のタイミングであったとか言われている。したがって預言者ムハンマドの言葉であることは間違いないとしても、その発言が言及している時代は確定していない。

＊掘り起こすとイブラーヒーム当時の礎石が出てきた。それはラクダの首のような形で、互いに組み合わされていた。一つを動かすと全体が動かされる格好なので、イブン・アッズバイルは五〇名の男に命じてそれを整備させた。それからさらに掘り下げさせると、まずラクダの背中のような形の岩が見つかって、またさらに掘り下げるとこんどは空洞があり、そこには火が燃えていた。その岩はアーダム当時の礎石であったとされる。

＊再建に反対していたイブン・アッバースは、工事中はマッカに戻らずミナーに逗留していた。そしてその間にもイブン・アッズバイルに対して、巡礼者のために聖殿の周囲に板や幕を張り巡らせて、回礼（タワーフ）できるようにすべきだと主張した。そしてその主張は入れられた。

＊こうしてイブラーヒームの礎石の上に新たな聖殿が築かれた。そしてジュルフム族以来となるイブラーヒーム当時の規模の再現がなったのであった。建設にあたっては、イエメンからワルス材（染料を取る木）とカッサ（モルタル）を取り寄せて石材と組み合わせて建設し、またバラクと呼ばれた大理石もイエメンから買ってきた。それは内部の明かり取りの部分に用いられた。東西の扉の高

さは一一ズィラーウになった。

＊黒石は、息子他もう一人の男に昼の礼拝時に布に包んで持って行かせ、その間自分が指導する礼拝をゆっくり目に行った。その後既に黒石が安置されているのを見た人たちは、それは預言者ムハンマドの時の慣行に反するとしてイブン・アッズバイルに抗議したが、後の祭りであった。

＊完成後は聖殿を、すべて麝香や乳香など香料で焚き染めた。また黒石は火事のために三つに割れてしまっていたので、それらを嵌めるために銀製の枠をしつらえた。イブン・アッズバイルは聖殿の四つの角すべてに接吻して回礼（タワーフ）し、それから一〇〇頭に上る数のラクダを犠牲に屠り、人々はそれを食し喜び、アッラーの恵みを称えた。人々もできるかぎりの喜捨をした。

細かなところでは異説があるとしても、時代が下った分だけより鮮明な記述に満ちている。以上三者の書きぶりから、イブン・アッズバイルのカアバ聖殿再建案には当初は反対や懸念する向きが相当あったが、結局できあがってみれば、めでたしめでたしということに落ち着いたという、マッカ住民の心の動きも含めて、相当詳らかになったと思われる。

(11) アルハッジャージュ・ブン・ユースフ

イブン・アッズバイルはウマイヤ朝ハリーファには飲酒の風があるなど、イスラーム信仰上の問題点も指摘しつつ、また一時はバグダードにも及んだ地方反乱の勢いも利用しながら、その支配権を伸ばした。しかし西暦六九二年、同朝第五代ハリーファ・アブド・アルマリク・ブン・マルワーン（在位六八五－七〇五年）の派遣したアルハッジャージュ・ブン・ユースフ・アッサカフィーの軍にマッカは攻撃され、イブン・アッズバイル勢は惨敗、ついに彼は死に追いやられた。

こうしてヒジュラ暦七四年（西暦六九二－六九三年）、アルハッジャージュによる聖殿再興の機会がめぐってきた。[92] まず彼はハリーファに手紙で、イブン・アッズバイルは聖殿を六ズィラーウ北側へ拡大させて、また扉を西側にも新たに付け、また東側の扉も地面に着く高さにしてしまった（扉の高さは一一ズィラーウ）がどうしようかと指示を仰いだところ、ハリーファはイブン・アッズバイル以前の原状へ戻すようにと命じた。東側の扉の入り口は地面から約四ズィラーウの高さとして、それだけ扉の高さを短くしたので、その扉の高さ自体は約六ズィラーウとなった。ただし聖殿の高さは二七ズィラーウのままにした。

ところが同ハリーファが預言者の妻アーイシャの伝える伝承を知ったのは、この後のことで、彼がマッカへ小巡礼を行った時であった。それによると、預言者ムハンマドはクライシュ族が縮小する以前の大きい規模を望み、扉も地面から四ズィラーウほどの高さではなくて直接に地面に着く高さを好み、またそれは東西の壁に二つあって人の出入りが滞らない姿を望んでいた。かくして同ハリーファは大いに悔しがって、かがんで地面を掻きほじくり、また長時間にわたって棒をにぎりしめていたとされる。[93]

ところがいったんできてしまったものをまた壊して作り直すのは、多くの人が躊躇するところとなった。[94]

事実それから約一〇〇年後、アッバース朝の有名なハリーファであるハールーン・アッラシード

（在位西暦七八六－八〇九年）は、時の法学者アルイマーム・マーリク・イブン・アナスに、もう一度取り壊してイブン・アッズバイルの時のように戻すべきかどうかを諮問した。その回答は次のようであった。

「信者の長よ、アッラーのカアバを諸王が弄んではならない。誰もそれを取り壊すことは望んでいない。ただアッラーが壊されるのならば別だが。」アッラシードはそれを聞き入れた。この話は、アルカーディー・アヤードやアンナワウィーが伝えている。(95)

なおハールーン・アッラシードと黒石の関係で、今ひとつ特筆しておいてよいのは、ヒジュラ暦一八九年、彼が小巡礼した時に、黒石を上と下からダイヤモンドで穴を開けさせてそこへ銀を流し込んだことである。これが今日も見られる黒石のまわりの銀枠の原型となった。(96)

また聖殿の土台部分（シャーザルワーン）は、アルハッジャージュの再建時にははっきりとした造作物になって、取り付けられたと考えられる。それの初めはクライシュ族が規模を縮小した時に遡るとされたり、あるいはイブン・アッズバイルが初めてそれを設けたとの見方もある。しかし全体を通じて自然な形で発達したと見るのが無理のないところであろう。

なおアルハッジャージュによる工事は相当部分に及んだとしても、一部の手直しであったとして、彼を再興者の列伝に入れない考えもあることは以前に見た。ただ彼の復興作業の内容としては、ウマイヤ朝ハリーファ・アブド・アルマリクの命もあり、装飾が大いに進められたことが特筆される。

多額の費用（当時の金貨で三・六万ディーナール）をかけて金張りとなった部分としては、東側に設けられた両面開きの観音扉、内部の柱、イスマーイールの囲い所の上にある雨樋がそれである。また内部の床と壁はすべて大理石張りとされたが、その大理石は赤、緑、白色で、ハリーファのお膝元であるシリアから招来された。[97]

こうして結局、カアバ聖殿の姿としてはアルハッジャージュの建造時のものが現在に至るまで、その後も長年維持されることとなったのであった。クライシュ族建造後八〇年間維持され、その後イブン・アッズバイルの拡張工事があり、それはその後、アルハッジャージュの建造まで一〇年間維持された。

次いでその後は、実に九四〇年間、少々の修復を除いては、大きな改築なしに維持されたのであった。

一千年間弱にわたり悠久の姿を維持した後に、久々の再建が必要となった理由は、西暦一六三〇年（ヒジュラ暦一〇三九年）に起こった大洪水であった。

(12) スルターン・ムラード四世

時代はオスマーン・トルコ朝に飛ぶことになる。それだけアラビア半島で全体的には、一〇世紀にわたる長い安泰の時が流れたということでもある。

またこれとともに、史料的にもこれまでたびたび登場してきたアッバース朝当時のものには、別れを告げねばならない。記述は細かく現代と同様に手に取るようになるが、逆比例的に著名な古典的史料の数は減少する。

オスマーン朝スルターン・ムラード四世（在位西暦一六二三－一六四〇年）によるカアバ聖殿再建を

めぐっては、バーサラーマは三冊の史書に依拠しつつ、それらを総合する形で叙述している。かなり長いまとめになっているが、以下においては要点に絞って述べることにしたい。(98)

ア　再建着手

例を見ないような雹《ひょう》をともなった豪雨がマッカ地方に降ったのは、ヒジュラ暦一〇三九年八月十九日（水）から翌日、二十日（木）にかけてであった（西暦一六三〇年四月二一―二二日）。十九日の夜には一〇〇〇名近くの死者を出して、洪水はマッカ市内を水浸しにした。

そのためカアバ聖殿は半分水浸しとなって、その壁のうち東西両側面と北東側のシリア角のほうが崩落しはじめた。急ぎ聖殿内の灯明や雨樋など金属製品を中心として貴重品が避難させられた。そして雨が収まりはじめるとともに、周辺の清掃に取り掛かり、二十一日の金曜日の説教と集団礼拝はことなく済ませることができた。

翌週の二十九日（土）には、マッカ太守アッシャリーフ・マスウード・ブン・イドリース・ブン・ハサンや有識者、有力者が集まって、カアバ聖殿の再建費用の捻出は、引き継がれてきた資財をそれにあてる方針でよいかに関して照会する、スルターン・ムラード四世宛の書簡が認められた。

その間にも清掃作業は進められ、また聖殿を囲むための板材はジェッダから調達された。その板材も到着して、高さ三メートルほどの囲み壁が完成したのは洪水から約二カ月後であった。その囲み壁には、緑色の覆い布が掛けられた。

そうこうしているうちに、オスマーン朝廷の反応が遅すぎてまた洪水が起こる恐れがあるとして、エジプト太守は早期に再建を開始するように関係者に働きかけはじめた。翌年春には、再建のための建材が到着しはじめた。こうしていまだオスマーン朝廷の回答が到着しない間にも、建設のための体制整備が進み、人々は再建工事着手について賛否両論を戦わすこととなった。

しかし結局、スルターンの代理人も到着して工事に着手することとなったのは、ヒジュラ暦一〇四〇年四月のことであった。同月にはまた豪雨があった。洪水には至らなかったものの、聖殿の壁はさらにダメージを受けることになった。

イエメン角の地点はいまだ崩落していなかったが、いずれそうなる恐れはあった。その場合、予め取り壊すことの是非については、法学者たちの見解が求められ、大勢は必要に応じ可能であるとした。翌五月末には、壁石の取り外しが始まり、またイブラーヒームの立処も移動のために開けられて、それをキスワが覆った。そして聖マスジドの多くの門近くでは、アッラーへの帰順の証として犠牲の家畜が屠《ほふ》られた。

イ　再建敢行

四方の壁は取り払われ、近くのシュバイカ山から取り出された石材を彫る作業も進んだ。この石積み作業が開始されたのは六月二十三日であった。この間、工事のために動かされずに元の場所に残ったのは、黒石だけという状況であった。

黒石の人目に触れてこなかった後ろ半分は、まだ白色をしていた。黒石の周辺にはまず鉄の枠を嵌めてから、銀製の防護枠が嵌められた。その際一三個に割れていた黒石は、竜涎香（アンバル）を埋めて木の脂で固定させた。この作業は当然一番細心の注意を必要とするので、大勢の関係者が立ち会い、間違いないようにして、作業が終わったのは真夜中であったとされる。それはヒジュラ暦一〇四〇年七月十一日（木）深夜のことであった。

そして九月（ラマダーン）一日（金）の日をもって、再び黒い覆い布（キスワ）が聖殿を覆った。これに感余って、歴史家アリー・アブド・ブン・アルカーディル・アッタバリー（ヒジュラ暦一〇七〇年没）は次のように韻を踏みつつ歌った。

「我らに彼らは言った、誉れの家は威厳（ババハーゥ）をもって、その黒い衣で現れた。
彼らに私は言った、それは良い前兆だ、永劫に存続（バカーゥ）することを指し示す。[99]」

さらにさまざまな付随作業が進められた。二〇個の金製灯明と三〇個の銀製灯明も掛け直された。そして十二月巡礼月の初めには、まず黒石のコーティング部分を黒色と樹脂で塗り、もう一度整備した。翌十二月二日、再建のすべての作業が約六カ月半かけて完了した。

こうして完成したカアバ聖殿は、あくまで再建であり、礎石の位置を全く変えないという方針で貫かれていた。したがって、南北はクライシュ族が六ズィラーウほど短縮して建造した長さになったが、カアバ聖殿の高さはクライシュ族よりも九ズィラーウ高くして二七ズィラーウにしたイブン・アッズバイルのものが採用されることとなり、それが今日まで存続しているわけである。

ウ　バーサラーマの指摘

バーサラーマは、スルターン・ムラード四世の再建に関する章を終わるにあたって、二つの事柄を指摘している。そのいずれもがイスラームの発想や立場を如実に物語っていて看過できない。

その第一は、改めて次の預言者伝承を引用していることである。

「この聖殿を正しく崇敬しているかぎりは、順調であろう。しかしそうでなくなると、崩壊するであろう。」（イブン・マージャ、アフマド・ブン・ハンバルなどの伝承）

第二には、どれほど史料を探索しても、カアバ聖殿の建造に要した費用を記したものに出くわさないということである。それほどに、経費は基本的に度外視されていたことを物語っている。

エジプトの軍人で探険家であったムハンマド・ムフタール・バーシャーは、今次再建にあたりエジプトから追加として一・七万ギネーが支出されたと言うが、それも追加部分だけであり全体の経費には言及していない。また確かに使用された機械や素材の話には困らないが、所要経費にはいずれの史料も話が及ばない。

数々の人たちの寄付もあっただろうし、いずれにしても関係者全員へのアッラーの報奨があるように、という祈りの言葉で彼は締めくくっているのである。[100]

(13) サウジアラビア王国

ア　地元政権の意義

西暦一九三二年、サウジアラビア王国が建国されたことにより、聖地マッカとカアバ聖殿は第四代正統ハリーファの時代以来、歴史上初めて地元の政権によって直接に擁護され維持されることとなった。その間一四世紀にわたり、ヒジャーズ地方はバグダードやカイロといった東アラブの中心地のような、疾風怒濤の波はかぶってこなかった。

　しかしその長い期間を通じて見られた現象は、マッカ地方政権と遠く離れた中央政権との軋轢が、しばしばカアバ聖殿にも被害をもたらすような紛争の火種となってきたということである。

　そしてサウジアラビア王国の建国により、ようやくそのような中央対地方というパターンの摩擦や緊張を想定する必要がなくなったことは、カアバ聖殿にとって本格的な安泰の時が訪れたということになる。

イ　ファハド前国王以前

　事実、歴代のサウジアラビアの国王は矢継ぎ早に、聖マスジド並びにカアバ聖殿の整備、改築に着手してきている。

　まず初代アブドゥルアジーズ国王（在位一九三二－一九五三年）は、オスマーン朝スルターン・ムラード四世以来の扉を新調した。それと回礼をする境内（マターフ）の周辺には、日陰を取るための張り出し傘を取り付けた。またエジプトとキスワの製作をめぐってもめがちだったのを見て、マッカのアジュヤード地区にキスワ製作工場を建設させた。ただしエジプトの伝統的な役割に鑑みて、そこからの製品が実際に使用されるのは慎重に扱われて、一九六二年まで待つこととなった。

　次のサウード国王（在位一九五三－一九六四年）は、黒石の銀枠をスターリング・シルバーで新調し、また聖殿内部の屋上への階段も新調した。

　次いでファイサル国王（在位一九六四－一九七五年）は、聖殿周辺の大改造にあたった。すなわちザムザム水の給水所（サビール）を後方にある地下の水飲み場に移し、バヌー・シャイバ門は撤去し、説教台（ミンバル）は遥か後方へ移転させ、最後にイブラーヒームの立処は従来の小屋（マクスーラ）をやめて小型の保護楼に切り替えた。これらの手当てによって、聖殿周辺の回礼（タワーフ）はかなり円滑に行われるようになった。

その次のハーリド国王（在位一九七六－一九八二年）は、黒石の銀枠を新装し、また一九七九年、扉を新調した。

こうして次のファハド前国王にバトン・タッチされた。

ウ　ファハド前国王の増改築事業

一七世紀以来約三六〇年の時を経て、西暦一九九五年、サウジアラビアのファハド前国王（在位一九八二－二〇〇五年）はカアバ聖殿の全面的改修を決定した。それは壁の石材を除いてほとんどすべての素材を改める大規模なものとなった。雨と大地からの湿気、そして地面から来る虫による経年腐食と破損が主な原因であった。

なお同国王によって聖マスジドとアルマディーナの預言者マスジドの双方で史上最大の拡張・改築工事が敢行されており、カアバ聖殿の改修はその一環であった。カアバ聖殿の改修作業は一九九六年五月から十月まで行われたが、それを請け負ったのは、両マスジド関係の工事と同様、大半は国内最大の建設会社ビン・ラーデンであった。

以下はその際の、カアバ聖殿改修の概要である。

（ア）外壁の改修　石材の間のモルタルの強化と改修。

（イ）内壁の改修　天井梁の入れ替え。内壁の経年疲労によるモルタルの張り替えと、壁石に見られる変色した部分の除去。

（ウ）屋根の改修　屋根は西暦一九五七年、サウード国王の時代に改修されてはいたが、さらに手が入れられることになった。屋根を受ける基礎の部分は石であったのを、強化セメントに変えられた。また木材であった屋根は軽量セメントとし、さらにそれを特製の大理石で覆った。

（エ）雨樋　錆びない鉄製のものに更新した。

（オ）土台（シャーザルワーン）　石製だったものを取り替えて、大理石製にした。

（カ）イスマーイールの囲い所　もともと大理石製だったが、それを更新した。また囲い所への入り口にロープを張って、出入りをコントロールできるようにした。

（キ）覆い布（キスワ）　マッカのアジュヤード地区にあるキスワ製造工場において、内殿部分が新規に緑色の絹で作製された。その上には、ジャーカール書体と呼ばれる太くて荘重な独自の様式でクルアーンの文言などが書き込まれた。

　キスワの外側は毎年更新される。色は黒色で絹製、高さは一四メートルとなっている。上から三分の一の部分に帯が装着されるが、そこには九九％銀、一％金でできた糸で文字が入れられる。この帯の長さは四六メートル、幅は九五センチ、それを一六の部分に分けて作業にあたる。

　扉を覆う布（スィタール）は絹で、その高さは七・五メートル、幅は四メートル。やはり金銀合成の糸で刺繍されている。

こうして天地創造以来の悠久たるカアバ聖殿の歴史は、現代という新たな舞台に登場することになった。

その間生かされた教えの一つは、アッバース朝最盛期のハリーファであったハールーン・アッラシードに時の法学者が示した次の諫めの言葉であった。

「信者の長よ、アッラーのカアバを諸王が弄んではならない。（人々の心から畏敬がなくなるから。アルムヒッブ・アッタバリーの史書）（聖殿の神聖さが霧散しないために。法学者アッシャフィイーの言葉）誰もそれを取り壊すことは望んでいない。ただアッラーが壊されるのならば別だが。」ハールーン・アッラシードはそれを聞きとどけた、と記録は伝えている。

もう一つの教えは、既に見た預言者伝承であろう。

「この聖殿を正しく崇敬しているかぎりは、順調であろう。しかしそうでなくなると、崩壊するであろう。」

法学の世界と信仰の世界の両側面から睨みを利かされつつ、このカアバ聖殿は、時代を越えて畏怖と崇敬の権化として一貫して維持されてきたと言えよう。

注（1） 預言者イブラーヒームがマッカに来たのは、紀元前約二〇〇〇年ごろとされる。DVD、第一巻、第二話末尾。

（2） カアバ聖殿の成立事情について、イスラームで言われることではないが、概要次のような興味ある視点も出されている。カアバは従来、誕生、死、そして再生という過程の始原の家として祭られていた。生命の蘇生という自然の摂理を敬い、安寧と繁栄を嘆願するための、祠であり社であった。イブラーヒームの妻ハージャルと息子イスマーイールの墓はカアバの西北側にあるが、そこへは上から雨樋を通してザムザムの水が掛かるようになっており、それは死から再生のプロセスを示していること、普通カアバに掛けられている黒い布キスワが巡礼の時に下から捲り上げられるが、それは異教時代の生命誕生を暗示した名残とみられること、またカアバ内の三本の柱は、天の臍（の緒）と呼ばれているが、それが天と地の接点であり、明らかにカアバを母体と見なして誕生を示唆していること、などなどの諸点が指摘されている。さらにこのような始原の家は、古代イランやエジプトにも見られ、北京の天壇も同様の発想にもとづいていると見られ、天壇の石板の数は三六〇枚でこれは一年の回帰を意味すること、他方カアバの偶像の数もイスラーム以前三六〇体であったと言われるが、これらは同じ観念に発していると説明されている。カアバが本当に生命始原の家として見なされたかどうかはさて置くとしても、この説にしても、カアバ聖殿が礼拝所であったとする点ではイスラームと軌を一にしている。また以上の説はアラビア半島のイスラーム以前の邪教時代の話であり、したがってイスラームの立場と矛盾なく繋げるとも考えられる。（川床睦夫編『シンポジウム「巡礼」―Part I』中近東文化センター、一九八六年、九八―一一〇ページ、井本英一「カーバ論」）

（3）バーサラーマ、前掲書、五一―五六ページ。

（4）高壁章七・五四、ユーヌス章一〇・三、フード章一一・七、識別章二五・五九、アッサジダ章三二・四、カーフ章五〇・三八、鉄章五七・四。

（5）アブー・アルバカーイ・ムハンマド・ブン・アフマド・ブン・ムハンマド・ブン・アッディヤーイ（ヒジュラ暦八五四年没）『マッカと聖マスジドおよびアルマディーナと預言者の墓の歴史』ベイルート、二〇〇四年、「天地創造以前のカアバ」「天使たちのカアバ建造」二二―二七ページ。ちなみにアルファースィー、前掲書も豊かな内容ながら、天地創造との関連については記述がない。

（6）イブン・アッディヤーイの挙げている出典は、アッシャハラスターニー『啓示の人々（アアラーム・アンヌブーワ）』。イブン・アッディヤーイ、前掲書、二二ページ。

（7）イブン・アッディヤーイの挙げている出典は、ムハンマド・ブン・アブドゥッラー・アルカサーイー『この世の始まり（バドゥ・アッドゥンヤー）』。イブン・アッディヤーイ、前掲書、二二ページ。

(8) この説はイブン・アッバースの伝える預言者伝承にもとづくが、信憑性に問題ありと、伝承解説者イブン・カスィール（ヒジュラ暦七七四年没）やクルアーン学者、歴史家アブー・ジャアファル・ムハンマド・ブン・ジャリール・アッタバリー（ヒジュラ暦三一〇年没）がコメントしていることは、イブン・アッディヤーィ、前掲書、二二ページ、注二。

(9) イブン・アッディヤーィの挙げている出典は、アルクルトビィー（ヒジュラ暦六七〇年没）やイブン・カスィールの預言者伝承解説書。イブン・アッディヤーィ、前掲書、二二ページ、注五。

(10) 「参拝の館」は通常、預言者イブラーヒームがいる第七層の天上にあるとされる。前掲書『日訳サヒーフムスリム』第一巻、一二四、一三〇ページ。

(11) イブン・アッディヤーィの挙げている出典は、イブン・イスハーク・アッサアラビー（ヒジュラ暦四二七年没）の『一座の花嫁（アラーィス・アルマジャーリス）預言者物語』とイブン・ズハイラ（ヒジュラ暦九八六年没）『マッカの功徳、その人々、誉れ高き家（カアバ）についての親切な全集』（本書末尾「主要参考文献」参照）である。イブン・アッディヤーィ、前掲書、二三ページ、注二。

(12) イブン・カスィールの預言者伝承解説『アルビダーヤ・ワ・アンニハーヤ』。イブン・アッディヤーィ、前掲書、二五ページ、注八。

(13) イブン・アッディヤーィの挙げている出典は、イブン・アッバースの預言者伝承、イブン・アッディヤーィ、前掲書、二五ページ、ヤークート・アルハマウィー『諸国集成（ムウジャム・アルブルダーン）』ベイルート、一九八四年、四六三ページで、「大地の臍」と「この世の中心」の言葉が使用されている。

(14) アルファースィー、前掲書、第一巻、六七ページ。イブン・アッディヤーィ、前掲書、二五ページ、注一〇。

(15) ちなみに天使たちはアッラーをもっぱら称賛するが自分の知性は持っておらず、人間よりは下の存在としてイスラームでは位置づけられている。

(16) イブン・アッディヤーィの挙げている出典は、アリー・ブン・アルフサイン（ヒジュラ暦三八年生まれ－九三年あるいは九四年没）の伝承。イブン・アッディヤーィ、前掲書、二六ページ。

(17) 同上の、アリー・ブン・アルフサインの伝承。

(18) イブン・アッディヤーイ、前掲書、二五ページ。

(19) 第四代正統ハリーファ・アリーの言葉として、バーサラーマ、前掲書、四二ページ参照。この解釈による見解はアブー・ジャアファル・アッタバリー（ヒジュラ暦三一〇年没）『クルアーンの総合解説（ジャーミウ・アルバヤーン・フィー・タアウィール・アルクルアーン）』（カイロ、出版年不明）中の「イムラーン家章三・九六」解説部分で言及されている。

(20) アルアズラキー、前掲書、第一巻、六八－七〇ページ。

(21) ヤークート・アルハマウィー、前掲書、一六三－一六四ページ。

(22) アブー・ムハンマド・アルフサイン・アルファッラーイ・アルバガウィー（ヒジュラ暦五一七年没）『啓示の降りた標識（マアーリム・アッタンズィール）』ベイルート、出版年不明、第一巻、四五七ページ。

(23) イブン・カスィール（ヒジュラ暦七七四年没）、クルアーン解説書「雌牛章二・一二五」。

(24) ただしアーダムがハウワーとアラファートの丘で再開した後の話としては、イブン・バットゥータの記録によると、アラファートの丘の北側にある山沿いにアーダムが造ったとされる小さな建物が残されているとある。イブン・バットゥータ『三大陸周遊記』前嶋信次訳、中央文庫、一九九四年、六一－六二ページ。

(25) DVD、第一巻、第一話。

(26) このときの様子は、イブン・アッバースの伝える伝承によると次のとおり。「地上に降りたばかりの時のアーダムは、その頭は天空にあり、両足は地上にあった。そして星の（注：光の）ように、震えていた。アッラーは六〇ズィラーウ（約三〇メートル）までアーダムにかがまれたところ、アーダムは言った（注：寂しさを訴えた）。」イブン・アッディヤーイ、前掲書、三七ページ。

(27) アルファースィー、前掲書、第一巻、一二六ページ。

(28) アルファースィー、前掲書、第一巻、一二五ページ。

(29) イブン・アッディヤーイ、前掲書、二七－二八ページ。

(30) イブン・アッディヤーイ、前掲書、三一ページ。アルクルトビーのクルアーン解説によっていることは、同ページ、注四参照。

(31) イブン・アッディヤーィ、前掲書、三一－三二ページ。
(32) アルファースィー、前掲書、第一巻、一二六ページ。
(33) バーサラーマ、前掲書、六四ページ。アルファフル・アルラーズィー（ヒジュラ暦五四四年没）の伝承解説によっている。
(34) バーサラーマ、前掲書、六七ページ。アッスハイリー（ヒジュラ暦五八一年没）が伝えている伝承とされる。
(35) イブン・アッディヤーィ、前掲書、三二－三三ページ。
(36) イブン・アッディヤーィ、前掲書、三一ページ。アルクルトビーの預言者伝承解説に出てくるもので、真正であろうとされている。前掲書、三一ページ、注二。
(37) アルジューディー山上に舟は乗り上げたとクルアーンにはある（フード章一一・四四）。しかしその時点ではヌーフの息子などまだ不義の者たちで生きている者もいた。したがってこれは最終的な着地点ではなかったと見られる。
(38) ＤＶＤ、第一巻、第一話（建造）および第五話（ザムザム水）。
(39) イブン・アッディヤーィ、前掲書、三五－四〇ページ。
(40) 天馬（ブラーク）は預言者ムハンマドがマッカからエルサレムへ夜の旅をした時にも乗ったとされる（クルアーン、夜の旅章一七）。またマッカの呼称一覧の中に、小屋（アリーシュ）が入っているのは、この言及が起源。
(41) アルアズラキー、前掲書、第一巻、一〇四－一一八ページ。
(42) 原文では、北側二二腕尺、南側二〇腕尺、東側三二腕尺、西側三一腕尺、高さ九腕尺となっている（アッディヤーィ、前掲書、三九ページ）。腕尺はひじから中指の先端までの長さとされ、ほぼ五〇センチとしてメートルに計算し直した。なお長さは同じだが、ズィラーウ（腕尺）とは言わないで、ミドマーク（聖殿の石一つの高さ）という名称が使用されたこともある。
(43) バーサラーマ、前掲書、七一－八二ページ。

(44) バーサラーマ、同掲書、七一ページ、注二。前掲書『ハディース』中巻、一八一―一八二ページ。

(45) 前掲書『ハディース』中巻、一八四ページ。

(46) アブー・ジャアファル・ムハンマド・ブン・ジャリーラット・アッタバリー（ヒジュラ暦三一〇年没）、前掲書、第五巻、一九ページ。

(47) イブン・ハジャル・アルアスカラーニー『アルブハーリーの預言者伝承解説（ファトフ・アルバーリー）』第七巻、五九ページ。

(48) イブン・カスィール（ヒジュラ暦七七四年没）『クルアーン解説』ベイルート、一九八三年、第一巻、一七九―一八〇ページ。

(49) バーサラーマ、前掲書、八二ページ。本書一一ページ、図3「預言者イブラーヒーム建造のカアバ聖殿（想像図）」参照。なおいまだ天井はなく、またイスマーイールの囲い所が聖殿内にあるため、聖殿北側の辺は湾曲していることも特徴に挙げられる。

(50) DVD、第一巻、第二話後半。

(51) クサイユはフザーア族の首長の娘と結婚し支配権を握った。彼の孫がハーシムで、ハーシムは妻サルマ（ハズラジ族）との間に息子シャイバ（通称アブド・アルムッタリブ）をもうけた。アブド・アルムッタリブの息子であるアブドゥッラーの息子が預言者ムハンマドである。

(52) DVD、第一巻、第一話および第二話末尾部分。

(53) アルファーキヒー『マッカ情報（アフバール・マッカ）』ベイルート、一九九四年、第五巻、一二八ページ。アルファースィーもそれを引用している。前掲書、第一巻、一二八ページ。

(54) バーサラーマ、前掲書、八三ページ。

(55) バーサラーマ、前掲書、八四ページ。アルマスウーディー、前掲書、第二巻、四九ページ。

(56) アフマド・ブン・アビー・アルハサン・アッスハイリー（ヒジュラ暦五八一年没）『イブン・ヒシャームの預言者伝解説（アッラウド・アルアンフ）』カイロ、出版年不明、第一巻、二二四ページ。

(57) イブン・アッディヤーィ、前掲書、四九―五三ページ。

(58) アルアズラキー（前掲書、第一巻、八一ページ）とアッスハイリー（前掲書、第一巻、一三四ページ）は、これをナービットと記している。

(59) イブン・アッディヤーイ、前掲書、五三－五五ページ。なおアルファースィーは、『聖地情報の飢えを癒すこと』ではフザーア族を取り上げていないが、『マッカ（アルバラド・アルアミーン）史の貴重な結び目』カイロ、一九五八－一九六九年、全八巻では言及している（第一巻、一三九ページ）。ただしそこでも聖殿再建者としては取り上げられていない。

(60) クルアーン（食卓章五・一〇三）に、このような習俗に言及がある。

(61) クルアーン（食卓章五・九〇）に言及がある。

(62) アルファースィー、前掲書、一二八ページ。

(63) イブン・アッディヤーイ、前掲書、五八－六九ページ。

(64) アッサハーウィー（ヒジュラ暦九〇二年没）『有名な預言者伝承の善意の意図（アルマカースィド・アルハサナ・フィー・アルアハーディース・アルムシュタヒラ）』カイロ、出版年不明、などの典拠が示されている。イブン・アッディヤーイ、前掲書、六三ページ、注三。なお引用文中の氏名「タルハ」は、オスマーン・ブン・アビー・タルハである。

(65) アブー・ダーウード、イブン・マーッジャ、アッティルミズィーなどが典拠になっている。イブン・アッディヤーイ、前掲書、六三ページ、注六。

(66) イブン・ズハイラ、前掲書『親切な全集』一一五ページをイブン・アッディヤーイは引用している。イブン・アッディヤーイ、前掲書、六四ページ、注二。

(67) イブン・アッディヤーイ、前掲書、六四ページ。

(68) ただしシリアから小麦とケーキを取り寄せたが、ケーキを壊して（ハシャマ）他のものと合わせてスープにして食料を準備したので、ハーシムという名前になったともいう。バーサラーマ、前掲書、三七八ページ。

(69) タキー・アッディーン・アズラキー、前掲書、第二巻、五九ページ。ただし後代の調査でザムザム水の源泉が三つとされたことは、本書で後述。

(70) アルファースィー、前掲書、第一巻、一二五ページ。アルファースィーは、「アブドゥッラー・ブン・アブド・アルマリク・アルマルジャーニー（注：ヒジュラ暦七六〇年没、アルマディーナの法学者、『心の喜びと選ばれた預言者の聖遷の館の歴史の秘密』〔バハジャ・アンヌフース・ワルアスラール・フィー・ターリーフ・ダール・ヒジュラ・アンナビー・アルムフタール〕などを著した）が書き留めたものを実見した」としている。

(71) バーサラーマ、前掲書、八七ページ。

(72) 「名誉のカアバ」、『世界アラブ百科事典』リヤード、第二版、一九九九年、全三〇巻、第一九巻、三一二－三二一ページのうち三一三ページ。なお本百科事典は、今日のサウジアラビア他アラブの主要な学識者の総力を結集して作成されたもの。

(73) 「名誉のカアバ」、前掲書『世界アラブ百科事典』第一九巻、三一二－三二一ページのうち三一三－三一四ページ。

(74) 象の年についても、預言者ムハンマドの生まれる三〇年前、四〇年前、二三年前、あるいは生年だと、種々の説がある。ただ最後の生年と同じとするのが、大勢を占める。イブン・アッディヤーィ、前掲書、九一－九二ページ。また象の年は西暦五七一年と換算されることもある。

(75) アルファースィー、前掲書、第一巻、二五二－二五三ページ。

(76) アルファースィー、前掲書、第一巻、一二九ページには次のとおりある。「預言者ムハンマドがカアバ聖殿の再建工事に参画したことは、あらゆる角度から見て間違いないが、それは彼が二五歳の時であったか三五歳の時かは両説あって断言できない。また三〇歳という説もあるが、それは写本の際に五の数字を書き忘れたのであろう。」

(77) アルファースィー、前掲書、第一巻、一三一－一三二ページには次の解説がある。「黒石を置いたのは預言者ムハンマドだと普通言われているが、布の上に置いたのは近くにいたアブド・アルムッタリブであったという説もある。またさらにはアブド・アルムッタリブの手の下に全員が添え手をして、それで黒石の場所まで運び、最終的に黒石を安置したのは預言者自身だとの説もある。しかしこれらの説は、預言者ムハンマドが六歳、あるいは八歳、九歳、さらには一〇歳の時にアブド・アルムッタリブは他界しているはずなので、ムハンマド二五歳あるいは三五歳の時の出来事であったということと矛盾していると言わざるをえない。」

(78) 同掲書、一〇一ページ。

(79) この言葉はイブン・ヒシャーム（ヒジュラ暦二一八年没）『預言者伝（スィーラ・アンアビー）』カイロ、ヒジュラ暦一三五五年、全四巻、第一巻、二一一－二一三ページ。イブン・アッディヤーィ、同掲書、一〇三ページ、注一。ただしこの言葉については、趣旨は同様だが少々異なる表現が他の文献では散見され、上記に限らないことは、本節エ（ア）参照のこと。

(80) イブン・アッディヤーィ、同掲書、一〇三ページ。

(81) イブン・アッディヤーィ、同掲書、七〇－七五ページ。

(82) バーサラーマ、前掲書、八七－一〇四ページ。

(83) タキィー・アッディーン・アッサンジャーリー（ヒジュラ暦一一二五年没）『マッカ史（マナーィフ・アルカラム・フィー・アフバール・マッカ・ワ・アルバイト・ワ・ウラート・アルハラム）』マッカ図書館文書第三〇番、校訂作業済みだが未刊行、第一巻、三八ページ。バーサラーマ、同掲書、九一ページ、注三。

(84) アッスハイリー、前掲書、第一巻、二二七ページ。バーサラーマ、前掲書、九三ページ、注一。

(85) イブン・ヒシャーム、前掲書『預言者伝』第一巻、二一二ページ。バーサラーマ、同掲書、九三ページ、注二。なおここのアブー・ウンミーヤ・ブン・ムギーラは、カアバ聖殿の土台を掘った人物とは別人。

(86) 以上の歴史家のうち、アルアズラキー、アルファーキヒー、アルファースィー、クトブ・アッディーン、イブン・ズハイラ、アルムヒッブ・アッタバリーについては、本書末尾「主要参考文献」を参照。残る二人は、アリー・ブン・アブド・アルカーディル・アッタバリー（ヒジュラ暦一〇七〇年没）『マッカの香りを捉えること』マッカ、一四一六年。並びに既出のタキー・アッディーン・アッサンジャーリー（ヒジュラ暦一一二五年没）『マッカ史（マナーィフ・アルカラム・フィー・アフバール・マッカ・ワ・アルバイト・ワ・ウラート・アルハラム）』マッカ図書館文書第三〇番。

(87) ただしバーサラーマの『偉大なカアバ聖殿史』に記載されている関係参考文献の数は、クルアーン、クルアーン解説、預言者伝承とその解説、地誌、一般史、辞書などを含めて二〇〇冊をはるかに下回る六八冊である。それだけ公表していない文献も多くあるということになる。

(88) アルファースィー、前掲書、第一巻、一三二—一三五ページ。

(89) バーサラーマ、前掲書、一〇七—一一四ページ。

(90) イブン・ハジャル・アルアスカラーニー（ヒジュラ暦八五二年没）、前掲書『アルブハーリーの預言者伝承解説（ファトフ・アルバーリー）』第七巻、一三三ページ。バーサラーマ、前掲書、一〇九ページ、注一。

(91) ナジュム・アッディーン・ブン・ファハド、前掲書『人々へのウンム・アルクラー情報の贈り物』第一巻、六一—七七ページ。バーサラーマ、前掲書、一一四—一二三ページ。

(92) イブン・アルアスィール・アッシャイバーニー（ヒジュラ暦六三〇年没）『歴史の全て（アルカーミル・フィー・アッターリフ）』ベイルート、一九八三年、四／三六五。アルファースィー、前掲書、一三五ページ、注二。しかしシャムス・アッディーン・アルザハビー（ヒジュラ暦七四八年没）『遠い人の情報の教訓（アルイバル・フィー・ハバル・マン・ガビラ）』ベイルート、一九八五年、一／六一はこれをヒジュラ暦七三年としている。

(93) イブン・アッディヤーィ、前掲書、一一〇ページ。

(94) バーサラーマ、前掲書、一二七ページ。

(95) アルカーディー・アヤード（ヒジュラ暦五四四年没）については、本書五四ページ、注(6)。アンナワウィー（ヒジュラ暦六七六年没）については、本書四三ページ、注(20)参照。なおこのマーリクの回答には、「人々の心から畏敬がなくなるから」というのが入っていたと、アルムヒップ・アッタバリーはその史書で言い、また法学者アッシャフィイーは「聖殿の神聖さが霧散しないために」と述べたことは、イブン・アッディヤーィ、前掲書、一一二ページ。

(96) 現在の銀枠の原型は、イブン・アッズバイルの時に嵌められた銀枠ではないということ。

(97) イブン・アッディヤーィ、前掲書、一一一ページ。

(98) バーサラーマ、前掲書、一三〇—一六三ページ。なお彼が依拠している三冊の著者は次のとおりであり、前二者は当時の再建に実際立ち会うことができた人たちである。イブン・アッラーン（ムハンマド・アリー・ブン・ムハンマド・アッラーン、ヒジュラ暦一〇五七年没）『与えるものの家の建設に関する偉大な支持者スルターン・ムラードの情報』写本校訂、リヤード、サウード大学、ヒジュラ暦一四〇六年、未刊行修士論文、一一二―二七八ページ。アリー・ブン・アブド・アルカーディル・アッタバリー（ヒジュラ暦一〇七〇年没）、前掲書『マッカ史の香りを捉えること』マッカ、一四一六年、八五―八九ページ。タキー・アッディーン・アッサンジャーリー（ヒジュラ暦一一二五年没）、前掲書『マッカと聖殿と聖地の支配者情報』未刊行写本、マッカ図書館文献番号三〇、第二巻、二〇三―二〇八ページ。

(99) アリー・アブド・ブン・アルカーディル・アッタバリー（ヒジュラ暦一〇七〇年没）、前掲書『マッカ史の香りを捉えること』八八ページ。

(100) バーサラーマ、前掲書、一六二―一六三ページ。

4　カアバ聖殿の事跡

カアバ聖殿の建造を中心としてその歴史を叙述した後は、聖殿の各部分についての記述に移るのが、カアバ聖殿をめぐるアラブ文献の常套的な手順である。それぞれに歴史的な由来や信仰上の思い入れが込められているので、一つ一つに、しかも相当細部にもこだわるのは納得できる。それらの記述は、いわば歴史叙述を縦糸とすれば、各部分に着目しての横糸になっているとも言えよう。両者の接点では、記述内容が多少くり返されるのは避けられない。

ところでそこで検討される内容や順序については、特段決まった常套的なものは見られない。まずはその名称もさまざまである。それら聖殿の各部分を、部品あるいは部分（アジュザーゥ）と言ったり、事跡（アーサール）と言ったりしている。何も総合的な名称を与えないで当然の如くに、いきなりそれらの個々の叙述に入っている場合もある。また各部分の叙述の順序もまちまちである。

したがって本書における以下の取り扱い方も、特段の背景や文献史料上の根拠があるわけではない。あくまで著者からして、また日本人の関心度のあり方からして、妥当かと思われる順序と内容に整理した。

（1）黒石

ア 概略

黒石（アルハジャル・アルアスワド）はカアバ聖殿全体の精神的な礎であり、中核的な存在である。巡礼の儀礼である回礼（タワーフ）の起点ともなっている。この石のことを別名、最も幸せな石（アルハジャル・アルアスアド）と言い、聖殿の南東角の約一・五メートルの高さのところに置かれている。

色は松脂などでコーティングされているので赤みがかった黒色で、その中央部分には黒い地肌の見える点が七個ある。また香料のすばらしい匂いが、それをこする人の手などに移される。石は直径約三〇センチで、アッバース朝ハリーファ・ハールーン・アッラシード以来の伝統で、銀製の枠に嵌められており、枠の銀の厚さは約一〇センチある。

この黒石は天との接点であるとされており、何か不思議な印象を与えられる存在である。これについて一般的に紹介される事柄をまずは見ることにしたい。

「黒石は世界の中心にあるマッカの、そのまた中心に存在している。マッカの下の地層には大変な熱があるが、それを冷まさせる働きが黒石にはある。精神的な熱気を冷やす効果もあると考えられる。

もともとは天国の宝石であったが、アーダムのカアバ建造にあたり、天使ジブリールが地上に齎したものである。カアバ聖殿の四方は正確に東西南北を指し示しているが、黒石は東側にあり、太陽が昇るときに初めの曙光の一筋が射す場所でもある。

預言者ヌーフの時代に大洪水になったとき、黒石は近くのクバイス山に避難させられた。それを預言者イブラーヒームがカアバ聖殿を再建するにあたり、天使ジブリールが手助けして山から下ろしてきた。

黒石は人々の関心の的として、ローマ帝国の攻撃や幾度かの盗難にもあってきた。ヒジュラ暦三一七年には、アッバース朝と対抗していたシーア派の分派であるカルマト派が二二年間盗んでいたこともある。また西暦一九世紀に入ってからは、イギリスのスパイであったリチャード・バートン（*Journey to Mecca* の著者）が既に一三個に割れていたもののうち一個を盗んで、英国に持ち帰った。ロンドンでの調査によって、黒石は隕石であるとの結論を得た。その後バートンは真のムスリムとなった。西暦一九三〇年代にアフガン人が石の一部を盗んだりする事件もあった。そしてサウジアラビアの初代国王アブドゥルアジーズが、全体の姿を復活させたのであった。(1)」

イ　黒石の功徳と変色の原因

イスラーム以前の時代には黒石は手で撫でる習慣であって、頬擦りや接吻はされなかった。しかし地上においてアッラーへの誓約をし、また自らの過ちをアッラーに除去してもらい赦してもらうために、頬擦りあるいは接吻、または右手で指し示してそれを受け止める格好の挨拶をするようになったのは、預言者ムハンマドの慣行からである。

この点については、「預言者ムハンマドが黒石を受け止めて接吻しているのを見た」という伝承や、第二代正統ハリーファ・ウマル・イブン・アルハッターブの言葉として、「あなたは石であり、害も与えなければ益するところもない。あなたに預言者が接吻するところを見ていなければ、私はそうすることはなかっただろう。」というのが伝えられている（ムスリムとアルブハーリー両真正伝）。[2] またウマルは、感余って預言者ムハンマドが長い時間涙しているのを見て、彼自身も感涙にむせたとされる（アルハーキム伝）。

他方、預言者ムハンマドが黒石に頭をつけて額衝いて礼拝したかどうかは、異説がある。アッティルミズィー伝（八六二）によるイブン・アッバースからの伝承では、黒石に額衝いたとされ、またさらに同じイブン・アッバースからの伝承であるが、預言者は三回額衝いたともある（イマーム・アッシャフィイー伝一一二六）。これらに対して、マーリキー学派の祖は、預言者がそのようなことをしたところを見たことはなく、かかる説は逸脱（ビドア）であるとする。

黒石には、二つの目と一つの舌があり、それらは最後の日にそれぞれの信者はどれほど真剣に黒石に接吻したかを証言するものと言われる（アッティルミズィー伝九六一、アフマド・ブン・ハンバル伝一・二四七）。

黒石に手を触れて受け止めた格好の挨拶をする人は、それでアッラーの手を握ったことになったと見なされる。[3] また黒石は「アッラーの右手」と称されており、その理由は黒石にアッラーへの誓いを立てに来る人たちに、黒石が挨拶するからだという。[4]

天から齎された時はミルク以上に白色であったが、黒色に変色した理由としては二つの説がある。一つは、ジャーヒリーヤ時代以来の穢れや汚れ、そしてアーダム、広くは人間が犯してきたさまざまな罪や過ちのために黒くなったという説である。もう一つは、天国の飾りであったのでそれを人間の目から隠すためだとされる。[5]

そこで直ちに議論が生じてきた。人の過ちで黒くなったとするならば、善良な人たちもいるのだから彼らのお陰でどうして白くならなかったのだろうか。この質問に対する回答として、その理由は三つ挙げられている。

第一には、人の罪深き眼差しから光を隠すために黒くなったので、それは女性の顔を隠すようなものだとも説明される。下は白いのである。

第二には、結局アッラーの意思次第であるが、黒は他を染めることができるが白は染められる側にあるので、黒石になったという。

第三には、間違いが石さえも変えてしまうのならば、ましてや人の心はたちまち影響されるということを教えるためであるとされる。

いずれも日本人の感覚からすれば理由説明の論点が少々ずれている印象はあるが、遠巻きながら説明のポイントは浮かび上がってくると思われる。

石の中は白いということから、黒石の中央には三つあるいはそれ以上の数の白色の斑点が観察されたという記録があることを、アルファースィーがそのマッカ史の中で記している。まずヒジュラ暦五七九年のイブン・ジュバイルの旅行記、ついでは法学者スライマーン・イブン・ハリール・アルアスカラーニーの記録を引用しつつ、ヒジュラ暦七〇八年、イブン・ジャマーアがそれらの白い斑点を見たとの記述を残している。そしてヒジュラ暦八一八年、アルファースィー自身の観察が記録されている。

ウ　黒石盗難事件

カアバ聖殿を再建することとの関連での黒石をめぐる出来事については、既にかなり触れてきた。ここでは聖殿再建には至らなかった事柄で、したがって今までは言及することがなかった諸点を中心に記述したい。

その類の出来事で最も特筆すべきは、バハレーンに根拠地を置くシーア派のカルマト派によるマッカ攻撃と二二年間にわたる黒石の盗難事件である。これはその後しばしばくり返される盗難・攻撃事件の走りとなった。[6]

西暦九三〇年（ヒジュラ暦三一七年巡礼月七日）から攻撃が始まり、同月十四日に黒石を奪いバハレーンに持って行ってしまったが、それが元に戻されたのはヒジュラ暦三三九年巡礼月十日であった。

攻撃はアブー・ターヒルという指導者があたった。彼は酒に酔っ払っており、カアバ聖殿のまわりにいた人たちを殺害したが、生きたままザムザムの泉に落としたともいわれる。殺害した人の数は、一三〇〇〇とも一七〇〇〇ともいう。そして聖殿の戸口に立って、次のように叫んだ。

「俺はアッラーに誓い、アッラーに俺は誓う。（アッラーは）被創造物を創り、俺がそれらの命を絶つ。」

あらゆる強奪を図り、黒石を打ち砕いて抜き取り、聖殿の装飾品、キスワ、扉とその覆いカーテンなどを取った。黒石が一三個に割れてしまったのがいつどこでという記録はない。しかしおそらくこの強奪事件の時ではないかと考えられている。さらにこの時、ザムザムの泉の上にあったドームも取られた。イブラーヒームの立処だけは、間に合って避難させられていたので盗まれなかった。またこの時期に巡礼の儀礼を果たしえたのは、彼の軍隊の兵士の一部だけだった。

　こうして黒石を盗んだのはアラビア半島東海岸の自分の根拠地へ持ち帰って、そこへ人々を巡礼させようという魂胆からであった。しかし結局はそれから二〇年後、アッバース朝ハリーファ・アルムティーウ・アッラー（在位ヒジュラ暦三三四－三六三年）が三万ディナールを支払って黒石は戻されることになった。その際に黒石には銀製の枠が嵌められて聖殿の一角から外されないようになった。これはかつてイブン・アッズバイルが施した工夫と同じであった。また返還された直後は、しばらくの間黒石は聖殿の中に置かれて、それを見た人によると石の正面は黒色になっていたが、それ以外のところは真っ白であったという。[7]

　その後、ヒジュラ暦三六三年には、ビザンツ帝国からやってきた男が黒石を破壊しようとして失敗し、その場で取り押さえられるという事件があった。その男はもちろん処刑された。

　同様に背景のはっきりしない男が、ヒジュラ暦四一三年、黒石を壊そうとした記録がある。ただしイブン・アルアスィールはその事件を四一四年に起こったとして、その犯人はエジプトからの二〇名ほどの一団であったとしている。その際には、黒石は叩かれて指が入るほどの大きさで、三つの穴ができてしまったとされる。

　ヒジュラ暦九九〇年代にもペルシア人の黒石を壊す事件があったが、この犯人も捕獲されて一刀のもとに処刑された。

　その後はしばらく時間をおいて、西暦一九三二年五月（ヒジュラ暦一三五一年一月）、アフガン人が黒石、聖殿扉の覆いカーテン、そしてザムザムの給水所とその側にあったバヌー・シャイバ門とを結ぶ道の銀製部品を盗もうとした事件があった。しかしアフガン人数名は取り押さえられて、打ち首になった。そしてアブドゥルアジーズ国王自らの手で黒石は戻されて、同時に専門家によってしっかり乳香と竜涎香を付けて修復され固められた。[8]

エ　黒石の装飾[9]

黒石はアッバース朝下、イブン・アッズバイルが火事の後に聖殿を再建した時以来、銀製の枠に嵌めて固定すると共に、それが装飾にもなってきた。この火事で、黒石は三つに割れてしまっていたという。

その後は再建時や盗難事件解決の折に、新しい銀製枠が使用されてきた。

アッバース朝ハリーファ・ハールーン・アッラシードはヒジュラ暦一八九年、小巡礼した際に黒石の上と下にある支えの石にダイヤモンドで穴を開けさせて、そこへ銀を流し込ませた。これが現在の枠の原型となった。

またヒジュラ暦五八五年と七八一年の二度にわたっては、清浄と装飾のためにはずされた。またヒジュラ暦一二六八年にオスマーン朝スルターン・アブドゥルメジード一世は、この銀製枠に変えて金製枠を嵌めた。この金製枠にはクルアーンの言葉が彫り込まれてあったが、一二八〇年、何者かによって削り取られて一部は破損してしまった。いずれにしても金製枠が使用されたのは、歴史上前にも後にもこれが唯一の事例であった。その翌一二八一年には、スルターン・アブドゥルアジーズは再び銀製の枠を首都から送り届けた。

次に西暦一九一三年（ヒジュラ暦一三三一年）、オスマーン朝スルターン・ムハンマド・ラシャード・ハーンの時には新たな銀製枠に変えられた。これは純銀製であった。

その後サウジアラビア王国となり、ヒジュラ暦一三六六年、アブドゥルアジーズ国王が一部を改修した。次いで西暦一九五六年、サウード国王は新たなスターリング・シルバー製の枠を嵌めた。そしてそれはハーリド国王が新装させて、そのまま今日まで使用されている。

（2）イブラーヒームの立処（マカーム）

ア　概　略

クルアーンに次のようにあるので、イブラーヒームの立処（マカーム・イブラーヒーム）もカアバ聖殿の一部と見なされている。
「本当に人々のために最初に建立された家は、バッカのそれで、それは生けるもの凡てへの祝福であり導きである。その中には、明白な印があり、イブラーヒームが礼拝に立った場所がある。また誰でもその中に入る者は、平安が与えられる。」（イムラーン家章三・九六―九七）
イスラーム以前の時代にはこの石は長い間、洪水で流されるのをできるだけ避けるために、聖殿に接続した形で置かれていた。しかしそこで礼拝する人たちの集団が、カアバ聖殿の周りを回礼（タワーフ）する際の妨げになるのを避けるために、預言者ムハンマドによってさらに後ろの位置に下げられたのであった。
これが預言者イブラーヒーム時代の本来の位置であったというのが大方の解釈である。しかしながら、ウンム・ナハシャルと呼ばれる洪水の後でそれがマッカの端まで動いたので、本来の位置である聖殿から離れた現在の位置に戻させたのは、第二代正統ハリーファ・ウマルだという見方もある。アッラーだけがご存知だ、として歴史家アルファースィーは結んでいる。[10]

さらに話は敷衍されている。というのは、聖殿から離れたイブラーヒームの立処よりカアバ聖殿の壁近くには、最初天使ジブリールが礼拝をしたという地点があるとされ、その地点では預言者イブラーヒームも礼拝したとされたことがあるからだ。またこの地点にはアルマアジャン（粘土の場所）という名称も与えられているのは、イブラーヒームの息子イスマーイールが粘土をそこでこねて、聖殿用のブロックを作ったというのである。これについては、一切クルアーンに言及されていないといった理由などから、必ずしも多くの学者には支持されてこなかった。

しかしかつては床に小さな穴が開けられていて目立ちやすく、そのため巡礼者たちが立ち往生することしばしばであった。この混雑を避けるために、一九五七年以来、このアルマアジャンの穴は埋められてなくなり、代わってそれほど目立たない形で、床の大理石の間に四角い印が付けられる格好にして残された。[11]

いずれにしても預言者ムハンマドの礼拝の際、次のクルアーンの啓示は降ろされた。

「われが人々のため、不断に集る場所として、また平安の場として、この家（カアバ）を設けた時を思い起せ。（われは命じた。）『イブラーヒームの（礼拝に）立った所を、あなたがたの礼拝の場としなさい。』」（雌牛章二・一二五）

後に第二代正統ハリーファになるウマルが、預言者ムハンマドにこのイブラーヒームの立処で礼拝することを勧めたとされている。他方で解釈として、マッカ全体がイブラーヒームの立処であるとの考え方もある。あるいはさらに巡礼の際、半日にわたる留礼（ウクーフ）を行うアラファの丘が、それに当たるのだとも言われる。

このイブラーヒームの立処の石の出所については、黒石同様、元来は天国にあった宝石であるという預言者伝承が残されている。

「（黒）石と立処は天国の宝石だ。アッラーがそれらの光を抑えられた。もしそうしなければ、光が東から西まで照り続けることだろう。[12]」

そしてそれがイブラーヒームの立処となった由来としては、彼が巡礼の際、人々にその石の上で礼拝の呼びかけをしたという説、あるいは息子イスマーイールの頭を洗っている妻のハージャルに息子の様子を聞きに来た際、その石の上に彼が立ったとも言われる。

あるいはカアバ聖殿建設の際の踏み台として、彼がその石を利用したとの説もある。そして普通には、そこでイブラーヒームが礼拝したので石はあまりにもったいなくなり、柔らかくなって彼の足跡が残ったとされている。なお方向を変えたために、石に食い込んでいる両足跡には、今は見られない七本の指跡があったとされ、第一代正統ハリーファ・アブー・バクルの次の言葉が残されている。

「石の中のイブラーヒームの足跡には湿り気がある、
　彼は両足とも靴をはかないで、裸足のままだった。[13]」

カアバ聖殿をクライシュ族、次いでイブン・アッズバイルが再建した両方の機会に遭遇した人物がいた。その名前は、アブー・ジュフム・ブン・ハズィーファ・アルクラシーといったが、その人の言葉で「イブラーヒームの足跡は預言者ムハンマドのそれによく似ている」というのが伝えられている。[14]

なおマッカ周辺は昔の火山の溶岩が固まってできた地形なので、それだけに岩が柔らかくなった話が随所に残されている。たとえば昔時、ミナーにおいて、預言者ムハンマドが休息を取った時に頭をもたせ掛けた岩がもったいなくて柔らかくなり、その頭の形がえぐられたとされる岩が残っていたこともあった。

黒石と同様に歴史上、洪水で流されそうになったり、賊が盗もうとして動かしたりしたので、立処の石の本来の位置については数々の異説が残されている。ただしヒジュラ暦三一七年、カルマト派の攻撃に際しては、イブラーヒームの立処だけは、間に合って避難させられていたので盗まれることはなかった。

イ　預言者イブラーヒームについて[15]

イブラーヒームの立処が聖殿の重要な一部になっている事情を理解するために、今一度彼がイスラームで格別の意義を有している点を確認しておきたい。

イブラーヒームは諸預言者の父（アッブ）、長老（シェイフ）あるいはアッラーの親友（ハリール）とも呼ばれる。その理由は多くの預言者をその子孫から輩出した、特筆すべき有徳な預言者であったからである。

クルアーンに次のようにある。

「またわれは、かれにイスハークとヤアコーブ（のような子孫）を授け、その子孫の間に、預言の天分と啓典を授け、現世の報奨をも与えた。来世においてもかれは必ず正義の徒の仲間になろう。」（蜘蛛章二九・二七）

彼の一族の出身地は、アラビア半島の内部とされる。そして彼は、ジュルフム族と同様の古代アラビア語を良くしたという。しかしその生地も生年もはっきりしていない。イラクのバービルやイランのアフワーズ地方の生まれともされる。

またヌーフからはほぼ一〇代目の子孫にあたるが、ヌーフの洪水後、一二六三年目に生まれたともされ、多くの人は、彼は西暦紀元前一七〇〇年から二〇〇〇年の間に生きていたと信じている。どのくらい生きていたかも不明だが、ムスリムの伝承集では、彼は八〇歳のときに割礼したことになっている。

彼の墓とされるものが、パレスチナのハリールにあるが、傍らには息子のイスハークとヤアコーブの墓もある。

イブラーヒームは信仰上乱れていた世の中に、真に純粋の一神教を齎したとされるが、その伝教は主として四つの方面に向けられた。第一には父親であるアーザルに対して（マルヤム章一九・四一－五〇）、第二は偶像崇拝者たちに対して（預言者章二一・五一－五八、詩人たち章二六・六九－八九、整列者章三七・八五－九八、蜘蛛章二九・一六－一七など）、第三は星座の信奉者に対して（家畜章六・七五－七九）、第四はアッラーの力を否定して傲慢であったニムローデの王に対してであった（雌牛章二・二五八）。

彼の高徳であること、高貴さ、崇高であること、善良であることなどについては、クルアーンにたくさん言及がある。彼が遭遇した試練としては次の二つが知られている。

一つは、エジプトの圧制者ファラオが彼の妻を犯そうとしたが、ファラオの手が痺れてきて助かった話である。また妻サーラはイブラーヒームのことを彼女の兄弟であると言ってファラオから助けようとしたが、それは信仰上の兄弟という意味であり偽りではなかったと解されている。

もう一つの話は、犠牲祭の由来ともなったが、息子イスマーイールをアッラーの犠牲に差し出さねばならない羽目に陥ったことである。これについては、イスマーイールの囲い所に関する次節で述べることにする。

ウ　立処の石と保護の飾り楼[16]

イブラーヒームの立処の石は研磨石のような種類だとされるが、長い間それを保護するものがないまま時間が経ってきた。そしてその間、それを多くの人たちが手で触ってきたので、石は摩滅して足跡の形は変わり、指の形がなくなり、あるいは足跡のサイズが拡大したと見られている。

ヒジュラ暦一七年、第二代正統ハリーファ・ウマル・イブン・アルハッタープの時、洪水がそれを押し流して、石はマッカの町の端まで動いてしまうという出来事があった。この洪水にはウンム・ナハシャルという固有の名前が付けられた。ウマルはこの直後に関係者と十分協議し石は元の場所に戻されたが、石の保護には及ばなかった。ただし初めて聖マスジドを囲む低い壁が設けられた。

この石を初めて金製の枠で保護して飾ったのは、アッバース朝ハリーファ・ムハンマド・アルマハディー・ブン・アルマンスール（在位ヒジュラ暦一五八－一六九年）であった。それの上から、ハリーファ・ジャアファル・アルムタワッキル（在位ヒジュラ暦二三二－二四七年）がさらに金製の枠を飾りつけた。その後戦費調達のためにこの金製枠がはずされることがあり、そのために石は七つに割れてしまった。そこでヒジュラ暦二五六年、金と銀の両方を使って新装された。

　ヒジュラ暦五七九年、イブン・ジュバイルは巡礼に赴き、立処の石の上には平生は木製のドームが置かれているが、巡礼の時にはそれが鉄製のドームに置き換えられると記している。また一時は、巡礼時に立処の石は、カアバ聖殿の上まで持ち上げられるような慣習も見られた。[17]

　そしてさらには、立処は防護のための飾り楼に入れられた。その飾り楼も幾度も作り直されてきたことは言うまでもない。ヒジュラ暦八七一年には、この楼はその上から礼拝もできる覆いが付けられて、三メートル四方の小屋のような建物となった。それはいわば礼拝用の個室のようなもので、マクスーラ（囲い所）と呼ばれた。

　ところが巡礼などで人が混雑する中で、かなりの障害になったことに鑑み、このマクスーラは、一九六四年（ヒジュラ暦一三八四年）、サウジ政府の決定により取り払われることになった。そして立処の石そのものは水晶製の入れ物（フランス製）に入れて、場所をとらないようにその入れ物を小型の楼に入れることとなった。一番最近の保護楼の改修は、水晶製の入れ物ができた一九六八年、次いで一九九七年に行われ、同年、現在見られるように保護楼の土台は、従来の黒色から白色に変えられた。

　ところでサウジ王家による一連の工事は、イブラーヒームの立処の石などのサイズを計測する重要な機会ともなった。そのサイズについては、古くから歴史家アルアズラキーや旅行家イブン・ジュバイルも計ったが、それらは腕や指を使った計測であり正確ではなかった。そこで一九四八年（ヒジュラ暦一三六八年）、カアバ聖殿の建造史を図示して有名な、ムハンマド・ターヒル・アルクルディーが保護の飾り楼を調査する機会が訪れた。

まず飾り楼と聖殿の間の距離は一一メートルであった。そしてその楼を開けると背丈ほどの木の箱が現れた。その箱の蓋を開けると、石は銀製の枠に入れられて、それはまず小さな大理石の台に乗せられて、その大理石の台はついで大きな白色の大理石に嵌められて、しっかり床から動かないようになっていた。この下の土台になっている大理石の大きさは縦横とも一メートル、地面からの高さは三六センチあった。

立処の石自体の色は白色がかっており、黄色と赤色も帯びていた。その周囲の三つの辺の長さはそれぞれ三六センチ（一辺は少し長くて三八センチ）であった。イブラーヒームの足跡の片方は九センチ、もう一方は一〇センチの深さがあって、足の指跡は摩滅したのか、もうすっかり見えなくなってしまっていた。そして足の長さは跡形の上の方では二七センチ、下の方では二二センチ、幅は上の方で一四センチ、下の方で一一センチであった。[18]

（3）イスマーイールの囲い所（ヒジュル）

ア 概略

カアバ聖殿の北辺には、高さ一・三メートル、厚さ一・五メートル、内側の直径八メートルほどの半円形の壁のような造作物で囲まれた所がある。これはイスマーイールの囲い所（ヒジュル）、あるいは時にイブラーヒームの囲い所と呼ばれる。またこの造作物自体はハティームと呼ばれるが、時に囲い所全体もハティームと呼ばれることがある。

ハティームという言葉は、破壊する（ハタマ）から来ているが、どうしてそう呼ばれるのかについては諸説ある。クライシュ族が聖殿を再建した時には、規模が縮小されてこのハティームが建物の外に出されたのだが、このように建物の一部が取り壊されたことに起源があるという説もある。

あるいはそこでは人々が不信仰を破壊したのが語源ともされる。また別の説に、そこで巡礼衣を脱ぎ捨てたのが崩れるまで放置されていたことが語源だともいう。さらにハティームには溝、壁、などの意味が元来あるとも言われる。

いずれにしてもそこに小屋を建てて、預言者イブラーヒームの息子イスマーイールが羊などを飼っていた場所であった。その小屋は木の枝でできており、その木の種類はアラブ人が歯ブラシ代わりに使うスィワークと呼ばれる木であったとされる。

なお囲い所をヒジュルと呼ぶのは、元来ヒジュルに部屋という意味があるので、あまりハティームほどには疑問視されない。しかし一説には、ヒジュルの動詞ハジャラ（占有する）が語源であり、その場所はクライシュ族が聖殿の外になったが、それでもその一部だとして占領したところから来るともされる。

この場所には普通イブラーヒームの息子イスマーイールとその母ハージャルが埋葬されているという。事実イブン・アッズバイルが聖殿を再建した時は、囲い所のところにも及ぶ規模で建設したのであったが、その時に囲い所を掘り返したら、下からイスマーイールの墓と見られる緑色の石が出てきたと言われる。それがイスマーイールの墓だと言ったのは、イブン・アッズバイルの近くにいて彼に質問されたクライシュ族の人間だとも、あるいはイブン・アッズバイル自身だともされる。それはイスマーイールが亡くなってから、ほぼ二〇〇〇年経過した後のこととなる。

しかしイブン・アッズバイルの前に、クライシュ族がカアバ聖殿を再建するので囲い所を掘り返した時には、イブラーヒームの建造の際の礎石は確かに見つけたが、そのような緑の墓石が出てきたという記録はない。したがってイブン・アッズバイルの緑の墓石の話は、偽作の可能性も高いと見られている。

さらに囲い所とその周辺には、九〇人あるいは九九人の預言者たちの墓もあるともされる。アーダム、フード、ヌーフ、サーリフ、イスハーク、ヤアコーブ、ユーセフといった歴代の預言者に加え、イブラーヒームとイスマーイール、そしてその母ハージャル、イブラーヒームの別の妻サーラとの間の息子イスハーク（ユダヤ民族の祖とされる）などもそこに入っているという。

一方では、有名な歴史・地誌学者アルマスウーディー（西暦九五六年没）はその書『黄金の牧場と宝石の鉱山』において、イスマーイールは一三七歳で亡くなり、遺体は黒石のあったところに埋葬されたとしている。だが同じ構内の別の場所に葬られたという説もあり、同時に上記の多数の預言者についても他に埋葬されたという伝えもあるので、多くの事柄は今となってはアッラーのみぞ知ることとなった。[19]

囲い所内になる聖殿北側の壁はアッラーに嘆願する場所にもなっており、そこには多数の人が今日でも群がって嘆願している。他方、巡礼の時に聖殿を回礼（タワーフ）するに際しては、回礼は聖殿の外ですることになっているので、聖殿の一部と見なされる囲い所を通過することは認められていない。

預言者ムハンマドに遡《さかのぼ》るほど信頼性の高い伝承ではないが、彼は「死の際の安らかさと審判の際のお赦しを」と言ってイスマーイールの囲い所で嘆願したとも伝えられている。[20]

イ　囲い所の整備と美化[21]

嘆願の目的でハティームに出入りする人が多数いるので、囲い所は歴史上多くのハリーファやマッカ太守がその整備と美化に努めてきた記録がある。ちなみに囲い所の床は大理石張りであるが、過去にそれは大小合わせて約二五回も改められてきた。そして囲い所の面積もかなり時代によって異同があり、そのために種々異なる記録が残されることとなった。

そこを大理石で整備した初めは、アッバース朝第二代ハリーファ・アブー・ジャアファル・アルマンスール（在位西暦七五四－七七五年）であった。それはヒジュラ暦一四〇年だったとの記録もある。その後連綿と続く改装作業の実績記録は長いが、一応書き出すと次のようである。

ヒジュラ暦一六一年（アルマハディー）、二四一年（アルムタワッキル）、二八三年（アルムウタディッド）、五七六年（アンナースィル）、六三一年、六五九年、七二〇年（アンナースィル・ムハンマド・ブン・カラウーン）、七八一年、八〇一年（エジプト太守アッザーヒル・バルクーク）、八二二年、八二六年、八三八年、八四三年、八五二年、八八一年、八八八年、九一七年（セルジューク朝カンスーフ・アルグーリー）と続き、オスマーン朝では一〇四〇年、一二六〇年、一二八三年などに改修、新装が行われてきた。

なおこのように歴代の改装がしばしば行われたことも、またその記録が細かに残されているのも、囲い所がその他の聖殿各部分をはるかにしのいで、一番多いと思われる。

囲い所の大理石はしばしばエジプトからの献上品でもあった。同時にヒジュラ暦九九九年には、エジプト人の男が大理石を銅製の器具ではずして、そこへ人間の手を描いたという事件もあった。結局この男は捕らえられて、手を切断するという刑に処せられた。

囲い所に覆い布（キスワ）を掛けることは普通ないが、記録上、ヒジュラ暦八五二年、エジプトから聖殿用のキスワと一緒に、囲い所用の黒色の絹製のキスワが届けられた。それは聖殿内にしばらく置かれてから、その翌年に囲い所に敷かれた。しかし囲い所のキスワというのは、これが最初で最後になった。

どうしてこのようにハティームが人気を呼んで頻繁に使用され、したがって美化の対象にされてきたのであろうか。ハティームに入って祈っている人が今でも多数見かけられる。また巡礼の際の、回礼七周終了後もできることならばそこで祈るのは良いことだと教えられている。

イスマーイールの囲い所は、聖殿の内部と見なされていることは、周知の事実である。したがって祈りや嘆願の場所としては、現在の聖殿内部に入れないまでも、格別の場所と見なされるのである。

ウ　ハティームでの礼拝と祈り㉒

礼拝と祈りの場所として、ハティームは聖マスジド内でも格別の所として扱われていることを、以下のいくつかの預言者伝承などが示している。

(ア) 礼拝

●アーイシャからの預言者伝承。「最善で一番清浄で純粋で、アッラーに一番近いところは、（注：ハティームのある西側の）角と立処の間である。その間には天国の楽園がある。そこで一日四回礼拝する人は、玉座の下に導いてゆかれよう。僕たちよ、自らの過去について赦しを請え、そして仕事を続けなさい。」

●アブー・フライラからの預言者伝承には、囲い所の両方の入り口には天使がいて、そこに入って礼拝をあげる人に恵みと慈悲を念じているとある。

●イブン・アッバースからの預言者伝承には、雨樋の下で礼拝しなさい、と言う。

(イ) 祈り

●そこで祈りを上げれば、応えてもらえて生まれた日のように無辜《むこ》の身になる、との預言者伝承をアターゥが伝えている。

●第三代正統ハリーファ・オスマーンはある日、皆の前に現れて言った。「どこにいたかは聞かないでくれ。ずっと雨樋の下（注：イスマーイールの囲い所）で立っていたのだから。」

エ　預言者イスマーイールについて

前節と同様に、預言者イスマーイールについての概略を次に記す。聖殿に関する知識と理解に資するところがある。ただイスマーイールに関する話といっても、それは預言者イブラーヒームの話と相当重なってくる。

息子イスマーイールと母ハージャルは、シリア、パレスチナの方面からイブラーヒームと共にマッカに移住した。その際に一行三名は、天馬（ブラーク）に乗って、天使のジブリールに先導されてマッカに到着した。

イブラーヒームは妻ハージャルに対して、それとは知らなかったが聖殿跡であった所を小屋（アリーシュ）のようにして休むように言った。しかし、「家は地面から丘（ラービヤ）のように盛り上がっていた。それを流水が、右と上のほうから削り取っていた。」とされる。[23]

クルアーンにあるのは次の文言だけである。

「主よ、わたしは子孫のある者をあなたの聖なる館《やかた》の側《かたわら》の耕せない谷間に住まわせました。」（イブラーヒーム章一四・三七）

イスマーイールが幼い頃、イブラーヒームはアッラーの命によりシリア方面に戻り、その間に喉が渇いて泣いていたので、母ハージャルが水を求めてサファーとマルワ間を駆け巡った話は知られている。これは巡礼の儀礼である、早駆け（サアイ）の起源となった。またこの時に天使は翼を叩いて地から水を出したが、それがザムザム水の始まりであった。

イスマーイールはマッカ周辺の部族と関係を保ち、アラビア語を良くした。そのこともあって最初、彼はアマーリカ族の女と結ばれた。イブラーヒームがシリア方面より戻る以前のことであった。次いで彼はジュルフム族の女を妻とした。こうしてイスマーイールには合わせて一二人の子供ができた。普通、これが現在のアラブ民族の直接的な祖先と目されている。

さてアッラーの命により、イブラーヒームを手助けしつつイスマーイール自身も聖殿再建作業にあたったことは、既に触れた。彼は父イブラーヒームを助けて、土をこねてブロックを造る役割であった。他方イブラーヒームの聖殿建造の主体は石積みであったとされるので、このブロックは補助的な用途であったのであろう。さらに後代に至り、イスマーイールの一二人の息子の一人ナービットが聖殿再建にも従事していたのを、ジュルフム族が引き継ぐことになったのであった。

イスマーイールに関する話で一番の山場は、イブラーヒームが夢でアッラーから息子を犠牲に供するようにとの命令を受けて、それを息子イスマーイールに伝えたが、両名は従順にその覚悟を決めたところ、アッラーはその帰依ぶりを嘉され赦されたという顚末である。そしてその代わりに羊を犠牲に供したのであった。

この出来事は巡礼終了後に行われる、イスラーム最大の祝祭である犠牲祭となったのであった。アッラーへの篤信の行いとして犠牲を捧げると共に、巡礼の最大の山場であるアラファでの留礼（ウクーフ）の儀礼が無事終了したことを祝するのである。なおイブラーヒームとイスマーイールの両名は、イスラームに則った巡礼の仕方を、はっきりした形で実施した初めともなった。

ちなみにこの犠牲の行われた場所はマッカから一〇キロは離れているミナー山中で、そこにはマスジド・アルカブシュ（羊のマスジド）と呼ばれたマスジドが建てられていた。しかし現存していない。その時の羊はイスマーイールがハティームで飼っていたものを連れて行ったのであろうか？　興味の湧くところである。

家畜の犠牲に至ったこの顚末は、クルアーンの整列者章三七・九九－一一二に述べられている。

「(この子が)かれと共に働く年頃になった時、かれは言った。『息子よ、わたしはあなたを犠牲に捧げる夢を見ました。さあ、あなたはどう考えるのですか。』かれは(答えて)言った。『父よ、あなたが命じられたようにして下さい。もしアッラーが御望みならば、わたしが耐え忍ぶことが御分りでしょう。』そこでかれら両人は(命令に)服して、かれ(子供)が額を(地に付け)うつ伏せになった時、われは告げた。『イブラーヒームよ。あなたは確かにあの夢を実践した。本当にわれは、このように正しい行いをする者に報いる。これは明らかに試みであった。』」(整列者章三七・一〇二―一〇六)

これは西暦紀元前二〇〇〇年頃、預言者イブラーヒームが八三歳の頃生まれたイスマーイールが、一四歳頃のことであったとされる。

なおクルアーンでは以上の記述からも見て取れるように、イスマーイールの名前が出てこないので取り沙汰されることがあるが、この一段落の後は明らかにもう一人の息子イスハークの話に移っていることもあって、夢で犠牲にするように求められた息子はイスマーイールと信じられているのである。[24]

イスマーイールは一三七歳まで生きたとされる。そしてパレスチナ方面で亡くなったという話もあるが、それとは別にマッカで亡くなりハティームに母ハージャルと共に埋葬されたと言われる。

またイブラーヒームには他にカトゥーラという名前の妻がおり、イスマーイール(母はハージャル)とイスハーク(母はサーラ)に並んで、カトゥーラの息子としてはザムラーン、ヤクシャーン、ムダーン、マドヤーン、ヤシュバーク、シャウハーがいた。彼らはイスマーイールの異母兄弟となるわけである。

（4）ザムザムの名水

ザムザムの名水に言及することは自然と思われるが、カアバ聖殿の事跡として扱われていない場合もあることを初めに断っておく。[25]

ア 概 略[26]

地上最古の水で、天国の泉の支流とされる。イブラーヒームがアッラーの命によりシリアに戻ることになり、喉の渇きを訴えた当時二歳の息子イスマーイールのために母ハージャルは水を求めて奔走することとなった。そこへ天使ジブリールが舞い降りてきて、イスマーイールの足元の所をその翼で叩いて水を開いたという。

ザムザム水の呼称としては、ジブリールの頸骨穴、イスマーイールへのアッラーの水、恵み、救済、吉報、健康、清浄、食べ物中の食べ物、治療薬などなど、約三〇も上げられる。

イエメンから来た部族ジュルフム族の支配下では、この水を使いすぎていたのと、ジュルフムを攻撃したフザーア族が泉を破壊したことが重なって、ザムザムは涸れてしまった（ただし破壊したのはアマーリカ族だとの見方もある）。したがってその後のマッカの支配者クサイユ・ブン・キラーブの時代には、水はマッカ郊外から供給されていた。

クライシュ族の支配となったイスラーム以前のある日、預言者ムハンマドの祖父アブド・アルムッタリブは古の泉の夢を見たが、それから彼は三日間かけてこの名水の泉跡を掘り当てた。水が出てくる前には刀剣類がたくさん掘り出された。こうしてその後、水管理職（スィカーヤ）はその息子のアッバースに任せられて以来、名家ハーシム家（アッバース朝を樹立し、現代はヨルダン王家に繋がる）に伝統的に委ねられることとなった。

最近は泉の底まで潜水服で潜る探検が行われて、昔からの遺物が多数収集されている。その中には、水を汲みに来た人が落としてしまった壺や生活用品、あるいは幸運を願って投げ入れられたコインなど様々であるが、まだ収集の成果全体は纏められていない。

この探検により、泉は三つの源泉からなっていることが判明している。現在ザムザム水を汲む地点は当初のものよりもはるかに東側の聖マスジドの回廊の中に寄せられている。しかし三つの源泉のうち一つは、黒石の下のあたりから出ており、これが一番水量豊かで水質としても清浄である。他の二つは東のサファーと北のマルワ方向にある。深さは水が出るまでに四五メートル、それから更に水量を増やすために八メートルは掘られている。

預言者ムハンマドも巡礼の帰路、ザムザムの水を持って出発し、途次人々に分け与えた。またこの名水は現在でも衰えずにドンドン湧き出ており、世界中の巡礼者の良いお土産になっている。ちなみに巡礼後、持ち帰り用のザムザム水に関しては、航空機の荷物重量超過料金が無料扱いになる。

イ　語源

イスマーイールが泣いているのに気がついたハージャルは湧き出る水をそこに見たが、その時に「ザムザム」と彼女は言ったので、ザムザム泉と呼ばれたともいわれる。その際の意味は、散逸せず拡散していない、ということだとされる。[27]

その後、そこへは人がたくさん集まるようになったので、集まる（ザムザム）というのが語源だとする説（預言者伝を書いたイブン・ヒシャームなど）もある。また擬音でジャブジャブという水の音から来ているという説もある。またペルシア人が飲む時に立てた音から来たという説（アルマスウーディーの詩にある）、ザンマは管理するという意味で豊富な水を管理するところから来ているという説、あるいはザムザムには語源はない、などなどの諸説がある。[28]

なおアブド・アルムッタリブは水が出てきてすぐその側に池を作ったが、アラビア語で村のことをカルヤと言う語源は、池の中で水を「私が溜めた（カライトゥ）」というところから来ていると言われる。

ウ　功　徳[29]

地球上で一番良い水で、万病の薬だという預言者の言葉も伝えられている。またそれは、無辜の人たちの水だ、と言ったとも伝えられる。天使のジブリールはこの水は心臓を強め恐怖心を鎮めてくれるから、それで預言者の胸を洗ったのだが、だから一番良いに決まっている、という堂々巡りの説もある。

また飲めば願い事がかなう水だとも言われ、四大法学の祖の一人、アッシャーフィイーも知識を嘆願しつつ飲み、ある弓の引き手は飲んだお陰で、願いかなって百発百中だったとも伝えられる。

その他、マッカに一カ月滞在したがその間は何も食べなくてもザムザムの水を飲むだけで元気にしていた、あるいは熱さましになる、頭痛を治す、難病を治してくれたとか、視力を取り戻した話なども伝えられている。

また詩文にも謳われた。このほか新生児を洗うとよい、赤子が初めて飲む水はザムザムがよいなどとも言われる。

西暦六三二年、預言者ムハンマドの別離の巡礼の際に、ザムザムに来て次のようないきさつがあったと伝えられる。

「皮袋を用意してくれと言われたので、皮袋が来ると、預言者はそれから飲み干して口を洗い、その後、その皮袋には麝香など最良の香料を詰めて、その香料を今度は（ザムザムの）泉に流し込むように言われた。[30]」

エ　飲み方

飲む時には、以下の要領に注意するようにムスリムの間では伝えられている。キブラの方向に向かうこと、コップ一杯を三回に分けて飲み、各回ごとに深呼吸すること、そのたびにアッラーの御名を唱えること、最後に「ハムド・リッラー」と唱えること、右手を使うこと、たくさん飲むこと、などである。

飲んでみると、確かに普通の水よりも甘くて濃厚な味がする。

オ　ザムザム水給水所の設置と撤収

現在、ザムザム水は聖マスジド内では、回廊の中にある蛇口から簡単に飲めるので、混雑したり長蛇の列に並んだりの苦労はなくなった。またさらにはボトルに詰めて、市内至る所で販売されている。

このような配水システムが導入されるまでは、水の出る場所を覆う形で給水所（サビール）の建物（マカーム）が設けられ、この建物は聖殿周辺の建造物としてイブラーヒームの立処（マカーム）の建物（コッバ）、シャイバ門、説教台（ミンバル）と並んで特徴的なものであった。

しかし給水所は、回礼をする場所（マターフ）の拡張のために、ヒジュラ暦一三八三年に撤去された。[31] その後に取られた方式が、地下に降りて水を求める仕方で、そのための入り口が聖殿から東方向へ三〇メートルほど離れて設けられた。ところがこれも、一九九六年、ファハド前国王の史上最大の拡張工事の際に閉鎖されて、他の床部分と同じ外見となった。

（5）　覆い布（キスワ）

キスワはカアバ聖殿の荘重さを、見る人に一目で訴える効果を大いに発揮していると考えられる。それだけに昔からマッカに到着した感激と共に、カアバを初めて目にした瞬間が、多くの旅行家や作家たちによって筆巧みに描かれてきたのであった。

二〇〇六年十二月二十一日、著者が東京からマッカに到着して、カアバ聖殿を夜明け前に見た時も、圧倒するような強い印象を与えられた。キスワの黒の部分が金銀の刺繍よりも鮮烈な力を感じさせ、とくに一面に同色で織り込まれた文字の凹凸が、ただの平織りにはない深みと味わいを出しているように見えた。それは日本人好みの、漆器の黒色に似た印象であった。

ア　事始[32]

キスワは預言者イスマーイールの当時からあったとされ、またヒジュラ暦前二二〇年にはイエメン王から贈られたキスワがあったとも言われる。預言者ムハンマドの祖先であるアドナーンという人物が、現在見るような様式のキスワを初めて作ったと伝えられるが、この他にも別に創始者が上げられることもある。

当初は皮製だったこともある。絹で作り飾りを入れた初めとして、預言者ムハンマドの祖父アブド・アルムッタリブの息子アルアッバースの母親でナティーラという女性の名前も残っている。

初めは外側だけであって、聖殿内部にも幕を垂らすのは後代のことであった。なお聖殿を布で覆うという風習は、ギリシア、ローマやイランなどアラビア半島周辺にも見当たらず、同半島独特のものであると考えられている。

マッカ征圧の年に火災でそれまでのキスワが燃えてしまったので、預言者は新たに作らせた。その時の素材はイエメン製の布であった。その後、第二代正統ハリーファのウマルはイエメン製からエジプト製（コプト織）に切り替えた。またさらにその後はリンネル、刺繍された絹などが用いられるようになった。

色は古くは白、赤、黄あるいは緑、あるいは一年間の間に色違いを掛けたようなこともあったという。黒色は聖殿の周りにいた人たちが亡くなって、聖殿の悲しみを表明する意図として一番良い、という学識者の見解も伝えられている。[33] アッバース朝ハリーファ・アンナースィル（西暦一二二五年没）は緑も使ったが、彼以降はほぼ黒色に落ち着いた。

内部用の垂れ幕は毎年変えられるのではなく、その色は時に変えられてきているが、内部の垂れ幕の色には何も意味合いが込められていない。

イ　掛け替え

クサイユ・ブン・キラーブが外部のキスワを毎年新たに掛ける習慣を作った。さらにクライシュ族時代に入ってからその習慣は定着し、第二代正統ハリーファ・ウマルの時には、毎年新しいものが掛けられた。

彼の時には、裁断された布はマッカの木々の上に置かれて木陰を作ったという話もある。他方古いものの処理方法として、汚されるのを防ぐため土に埋めていたともいう。またムハンマドの妻アーイシャはそれを売却し、その売り上げでカアバ聖殿の維持費を捻出する方法を認めた。シャーフィイー学派はこの売却に反対してきた経緯もあるが、大勢は認める方向となった。またその後、裁断されたキスワの部分は、世界の各地、諸国などへの贈答品としても幅広く用いられてきている。

しかし他方で、キスワは新しいものが毎年古いものの上に重ねられるだけのこともあったと考えられる。長年の間にかなりの分量になったために、新品だけを掛けるようにとの命令が、アッバース朝ハリーファ・アルマハディー（在位西暦七七五－七八五年）によって出された。

掛け替える日取りも、歴史的には異同があった。現在は巡礼月八日には新しいのが天井に設置され、九日（アラファの日）に掛け替えられる。巡礼月十日、あるいは十三日に降ろすようにされたこともあった。またムハッラム月一月十日、アーシューラーの日の例もあった。掛け替えの際には、必ず新しいキスワを上に掛け終わってから古いほうを中から取り外すので、通常何も掛かっていないカアバ聖殿を目にすることはない。またこの掛け替え作業も、聖殿の鍵管理職バヌー・シャイバ家の仕事として取り仕切られる。

巡礼月の上旬はキスワを二メートルほど捲り上げておく。勝手に切って持って行く人がいたのを防ぐためだという。ただしキスワを捲り上げるのはイスラーム以前の習慣の名残で、当時カアバは生命蘇りの場と見なされており、そこで出産の様子に倣ったのだという説明もある。ちなみにアラビア語でキスワを捲り上げることを、カアバ聖殿が裸になった（ジャッルラダ）と言う。また、このように捲り上げることを、カアバ聖殿がイフラームしたとも言う。そのときは裏地の白い綿布が表に出るので、比喩的に聖殿が巡礼の禁忌遵守の期間に入ったという発想である。

ウ　製　作

製作地はイエメンやホラサーンのこともあったが、西暦一九六二年までは長い間、エジプトのタンヌースという村の特産品だった。近くの村も含めて七つから一〇カ村の収穫はその使途をキスワ製作のために指定される（ワクフ制）ことによっても、その財政基盤が確保された。[34]

完成品をマッカまで運ぶ一団はマハマル（運搬役）と称されて、ラクダの背に飾られた入れ物（この入れ物が狭義のマハマル）が置かれ、カイロ市内から始まる大いに華やかな行事であった。

最近の動向として、西暦一九二八年に当初は職員数一二名のマッカ・アジュヤード工場が完成したが、長くエジプトの伝統を尊重してサウジアラビアは自重していた。しかし両国関係の順調な一九六二年以来は、サウジ製が使用されることとなった。こうして地元のものが使用されるのは、イスラーム開始以来、初めての快挙となった。その後、西暦一九七六年、新製造所が二〇〇〇万リヤールの予算で作られた。職員数は全体で約二〇〇名に上った。

現在キスワは絹製（裏地は白の綿）で、高さ一四メートル、長さ四七メートルで、全体の重さは約二トンに達する。全体は四面と、扉部分を覆う飾り布（スィターラ）一部の五部構成で製造される。上から三分の一の部分に帯が装着されるが、そこには九九パーセント銀、一パーセント金でできた糸で文字が入れられる。この帯の幅は九五センチ、それを一六の部分に分けて作業に当たる。扉を覆う布（スィターラ）も同じ絹で、その高さは、七・五メートル、幅は四メートル。やはり金銀合成の糸で刺繍されている。

キスワ一揃いの製作経費は、人件費を含めて一七〇〇万リヤール（約五億円）とされている。

エ　キスワに書かれた文字

現場でキスワに書かれた文字を読んでいる暇は、精神的肉体的にその余裕を普通見出せないであろう。少し長くなるが、以下にその詳細を記しておく。[35] スルス書体の一種でジャーカール書体と呼ばれる太くて荘重な独自の様式で書かれている。

（ア）　まず黒色の部分全面に同色で織り込まれている文字は、「アッラー以外に神はなく、ムハンマドはアッラーの使徒である。アッラーは偉大であり称賛あれ。偉大で慈悲深く、よくお与えになる、アッラーに称賛を」である。[36]

帯に刺繍で書かれている言葉はすべて「最も慈悲深く、最も慈愛あまねきアッラーの御名において」で始められるが、その後は各側面によって異なる。

●扉のあるカアバ聖殿正面には、雌牛章二・一二五、一二七、一二八、および寄贈者名。
●イスマーイールの囲い所のある北側には、雌牛章二・一九七、一九八。
●西側には、巡礼章二二・二六、二七、二八、二九。
●南側には、イムラーン家章三・九五、九六、九七。

この帯の下にも文字の入った刺繍が見られるが、これは時代によってあったりなかったり、あっても異なる様式になったりしてきた。現在は次のとおりである。

●四つの角に短い帯が入っているが、そこにはクルアーンの純正章一一二が書かれている。
●また同じ高さにはさらに四つの短い帯が四側面にあるが、そこには六つのクルアーンの句が入れられている。東側の正面方向は、「このキスワはマッカで製造されて、カアバ聖殿に二聖地の守護者ファハド国王が寄贈した」、北側にはアルヒジュル章一五・四九、雌牛章二・一八六。西側には部族連合章三三・四七、婦人章四・一一〇。南側には巡礼章二二・三二、ター・ハー章二〇・八二。
●またその間に丸いランプ形が合計八個あるが、その中には、「いつまでも生きるものよ（ヤー・ハイユ・ヤー・カイユーム）」、「慈悲深く慈愛あまねきものよ（ヤー・ラハマーン・ヤー・ラヒーム）」、あるいは、「万有の主アッラーに称賛を（アルハムド・リッラー・ラッビ・ルアーラミーン）」が入れられている。
（イ）扉の覆い布（スィターラ）こそ金銀刺繍の一番凝った個所であるが、引用されるクルアーンの文言は時々変更される。一九九六年ファハド前国王作成時の文言は次のとおりである。

開端章　雌牛章二・二五四　イムラーン家章三・一三三　御光章二四・三五　勝利章四八・二七
勝利章四八・二九　集団章三九・五三

（6）嘆願所（ムルタザム）と応答所（ムスタジャール）

聖マスジドには、祈りや嘆願がよく聞きとどけられるとされている場所がいくつもある。多くは三〇個所をあげる場合もあるが、一五ほどは普通に指摘される。

それは、バヌー・シャイバ門（サラーム門と改名）、イブラーヒーム門、預言者門（別名葬式門）、サファー門、マルワ門、ザムザム給水所のあった所、イブラーヒームの立処、黒石角、昔の説教台近く（イブラーヒームの立処に向かって右側）、イラク角（北東側）、雨樋の下、シリア角（北西側）などであり、本節で扱う嘆願所と応答所もこの一連の中に入れられる。[37]

ア　嘆願所

ムルタザムは、黒石角とカアバ聖殿の扉の間の地点を指し、そこで嘆願をすることになっている。そこはムッダアー（祈り場）あるいは、ムタアウウィズ（助けを請う所）とも呼ばれている。その壁に、頬、胸、両腕、両手などを摺り付ける仕草をして、アッラーへの赦し、支援、助勢のお願いをするのである。この場所を明示するために、また嘆願をしやすくするために、扉から黒石角までの間には、土台（シャーザルワーン）と呼ばれる白い大理石の張り出し部分は設けられていない。

ところがその狭い場所だけではとても大勢の信者を満足させることはできないので、ほとんど聖殿のいずれの壁でも嘆願が行われている光景が見られる。また混雑のために嘆願を代行する人も出てきた。本人であれ代行者であれ、いずれにしても嘆願をする人は、ムルタズィムと称される。

イ　応答所

ムスタジャールは聖殿の扉の反対側に当たるが、今は閉鎖された扉とイエメン角との間の地点を指して言うので、ちょうどそれは嘆願所の正反対の西側の壁ということになる。別名はムスタジャーブ（応えられる所）と言われたり、あるいはムルタザムと同じくムタアウウィズ（助けを請う所）とも呼ばれている。また「クライシュ族の長老の嘆願所」などと長い名前で呼ばれることもある。そこではアッラーへの嘆願の応答があるとされる。[38]

（7）イエメン角、シリア角、イラク角

ア　概略

カアバ聖殿の四つの角のうち、黒石角（別称黒角）とイエメン角はそれら以外の東北側のイラク角（別称ヒジュル角、古くはシリア角）と西北側のシリア角（別称マグレブ角、西角）よりはるかに重視されている。たとえば回礼（タワーフ）を行う際にも、両方の角には挨拶し、また両角の間では、「ア

ッラーよ、この世とあの世で善いことを与えて下さい、そして地獄の業火からお守り下さい」と特定の祈りの言葉を上げることになっている。

黒石がある角が特別なのはわかるとしても、どうしてイエメン角は「天国の扉」とまで称されて、他より重要と見なされるようになったのであろうか。

その背景は、クライシュ族がカアバ再建にあたったときに、合法（ハラール）な資金に不足が生じて、イブラーヒーム再建当時の規模が復旧できたのは、黒石角とイエメン角だけだったという事情がある。南北の辺は数メートル短くなり、他の二角は残念ながら、イブラーヒームの祖法に則っていないということである。

しかしながら、実際はイエメン角が重視されるに至った一番直接的な原因は、それを預言者ムハンマドが重視したという、慣行（スンナ）が豊富にあるということである。次にその側面を見てみよう。

イ　預言者ムハンマドとイエメン角[39]

預言者ムハンマドは黒石角とイエメン角では、接吻、頬摺り、あるいは手で受け止める所作をして挨拶していた、という伝承は多数残されている。[40]

また「イエメン角には天使のジブリールがいつも立っていて、その角に挨拶する人たちを赦してくれる」という伝承があり、さらには、アッティルミズィーやアフマド・ブン・ハンバルの伝承集によると、「両者を撫でることは、過ちの帳消しになる」と言ったとされる。[41]

イブン・マーッジャの預言者伝承集には次のようにもある。

「両方の角には七〇人の天使がいる。それらの角で『アッラーよ、お教え並びにこの世とあの世において赦しと元気をお願いいたします。この世とあの世で善いことを与えて下さい、そして地獄の業火からお守り下さい。』と言う人には、天使たちは、大丈夫だよ、と言いかける。」[42]

さらにはイブン・マージャによると、「それは天国の扉の一つである」と預言者は言ったとされる。他方、アターゥの伝えるところによると、預言者の妻アーイシャは次のように言った。

「女性は男性がたむろしているところへ出るべきでなく、もし（角が）空いているならば手で受け止め、混んでいるならば、遠巻きにアッラーを称えるように」とのことである。

ウ　名称の由来

イエメン角については、ウバイユ・ブン・サーリムという名前のイエメン出身者が造ったからだと言われる。有名なイブン・ヒシャームの預言者ムハンマドの伝記に注釈作業をした、アフマド・ブン・アビー・アルハサン・アッスハイリーの注釈書（アッラウド・アルウンフ）には、「聖マスジドのイエメン角は、ウバイユ・ブン・サーリムが残した遺産だ」という歌も出てくる。[43]

他方古くは、黒石の方向が正しい東を指しており、イエメン角は南、残る二つがそれぞれ北と西を正しく指していると考えられていた。したがって昇る太陽の曙光の最初の一筋は、黒石角を射すとも信じられていた。また古地図でも、東西南北にカアバ聖殿の四つの角がぴったり合わせられる形で出てくるのである。

ここから北側はシリア角、もしくはイラク角と命名され、西側は西角、あるいはマグレブ角、そして南側はイエメン角と呼ばれたのであった。
また実際に、聖マスジド内で礼拝する時には出身地の方面の別によって、それぞれの角を目処に割り当てられた個所に集合するような慣行があったと見られる。たとえば、モロッコ方面出身者は西角に集まりその角に向かって礼拝するのが正しい方向（キブラ）である、と言われたのであった。[44]
しかし方角が磁石によって矯正され、カアバ聖殿のそれぞれの角が以前ほど東西南北をきっちり示していないことが判明した。それ以来、呼称にもぶれが生じてきて、現在、北東側はイラク角、北西側はシリア角と呼ばれることが多くなった。

（8）土台（シャーザルワーン）[45]

ア 概　略

聖殿の壁の一番下側にある、張り出しのような格好をした聖殿部分を指してシャーザルワーンと呼ぶ。

北側のハティームの個所にはこの土台部分はないが、残る三辺は全部シャーザルワーンとして白い大理石で装飾されている。ただし黒石角と扉の間の嘆願所（ムルタザム）には、それは設けられていない。

この土台は、預言者イブラーヒームの基礎に則っているとされる。

初めてシャーザルワーンを設けたのは、聖殿再建者の一人でイブラーヒームの時代のサイズに戻した、アブドゥッラー・ブン・アッズバイルであった。当時としては、建造物をしっかりさせ、下から水の浸透を防ぐためであった。歴史上は何回も造り直されてきた。一九九六年、シャーザルワーンが石製だったものを取り替えて大理石製にしたのは、ファハド前サウジアラビア国王であった。

現在はシャーザルワーンには、覆い布（キスワ）を止める金具が取り付けられている。

なおシャーザルワーンも聖殿内の一部と見なされるので、これに寄り添う形で回礼（タワーフ）することは、ハティームの中と同じく禁じられている。

イ　諸　説[46]

（ア）シャーザルワーンを設けた人

聖殿再建の際に、予算上の都合から規模を縮小したのはクライシュ族であった。この規模縮小に伴って、本来は聖殿内の部分であったものを外に出したのがシャーザルワーンの起源であったとする説もある。ただし当時土台として、とくに何か造作物があったという記録はない。はっきり土台として人々に意識され始めてからも、それがイブン・アッズバイルの時代からなのか、アルハッジャージュの時代なのかは、両説ある。

そしていずれにしてもはっきりしていないのであって、何代にもわたって少しずつ数々の人たちの手を経てきたのである、とアルファースィーは主張している。[47]

（イ）聖殿の内か外か

シャーフィイー学派とマーリキー学派は土台部分は聖殿の内部であるとするが、ハナフィー学派は外であるとしている。この見解の違いは、「あなたがたの氏族（注：クライシュ族）がカアバ聖殿を建てた時には、イブラーヒームの基礎に満たないものとなった。」というアーイシャが残した預言者伝承の解釈から来る。[48]

普通はこの不足部分は全体を指していると解釈して、したがって土台部分も含んでいるので、その部分は聖殿内であると見るのである。しかしハナフィー学派は、不足部分とされるのはハティームの部分であるとだけ解して、したがって土台部分は聖殿の外であるとする。

ハンバリー学派では、シャーザルワーンに注意する必要があり、不注意による場合はそこに立ち入った回礼（タワーフ）は無効であるとする。[49] ただしイブン・タイミーヤは、当該土台部分は聖殿の外であるという見解である。[50]

ウ　語　源

アラブ人好みの議論の一つに、用語の語源論がある。とくにこのシャーザルワーンという変わった形の用語には、関心が惹かれる。しかしマッカ史関係のアラビア語文献には、なぜかこの点についての言及は見られない。

他方でシャーザルワーンの語源は、語形からしてもペルシア語起源であることが容易に想像され、事実アラビア語に入ったペルシア語用語辞典に見出すことができる。[51]

そこには、アーイシャがカアバの土台について尋ねたところ、預言者ムハンマドは「カアバの建物の周辺で空いているシャーザルワーンという部分だ」と答えたという伝承が記載されている。また元来ペルシア語では、シャーダルヴァーンであり、それは支持し支えるという意味があるとも記されている。

（9）雨樋（ミーザーブ）

聖殿に天井を設けたのはクライシュ族であったが、彼らは同時に屋根からの雨水を排水するために雨樋（ミーザーブ）を設けた。それがちょうどイスマーイールの囲い所の上から雨水が落ちる格好にしたのは、クライシュ族、あるいは、天井と屋根の二重構造にしたイブン・アッズバイルであった。[52]

ミーザーブの中の素材は木材で、底には鉛が貼り付けられる。それを金箔で飾ったのは、ウマイヤ朝ハリーファのアルワリード・ブン・アブド・アルマリク（在位西暦六八五－七〇二年）であった。

その後もミーザーブを取り替えた支配者や裕福な階級の人たちは少なくなかった。しかし時には使用済みのものの処理をめぐって、聖殿管理責任者のバヌー・シャイバ族と意見が対立することもあった。古いものをイスタンブールに送らせようとしたが、より多くの代価を同族が要求したので一問着あったという、ヒジュラ暦九五九年の出来事も記録が残されている。[53]

ヒジュラ暦一二六七年、オスマーン朝スルターン・アブド・アルマジード（在位西暦一八三九－一八六一年）の寄贈したものが最近まで使われていたが、それもサウジアラビア・サウード国王の時には研磨され、またファハド前国王時代には新調された。[54] 種々の過去の実物諸例が、現在マッカの二聖地博物館に展示されている。

長さは外に出ているのが四ズィラーウ（約一・九二メートル）、幅は指八本分、壁の方へは五〇数センチ入り込んでいる。

誰が命じたミーザーブであったかはいろいろな記録の仕方があり、多くはミーザーブに書かれているが、あるいは土台（シャーザルワーン）にその記述が残された例もある。

(10) 扉[55]

ア 概 略

扉は預言者イブラーヒームの時代には設けられずに、単なる聖殿の入り口として穴が開いているという格好であった。そこで紀元前三世紀、イエメンの王であったトッバウ・ブン・アスアド・アルヒムヤリーが、開閉のきく扉をしつらえた。またクライシュ族は再建に合わせて、位置を地上から高くすると共にその面積をさらに大きくした。それ以降、その大きさで扉は歴史を通じて何回も新調されてきた。現在の扉のサイズは、高さは三・一八メートルで、幅は両面で一・七一メートルである。地面からの高さは二・二二メートルになっている。

なおイブン・アッズバイルは再建に合わせて、預言者ムハンマドの妻アーイシャの残した伝承に従って、西側にも扉を付けた。それはイエメン角からほぼ一・五メートルのところであった。

この扉はその次の再建者アルハッジャージュによって閉鎖・撤去されたが、それは上記の預言者伝承を知らなかった、時のアッバース朝ハリーファ・アブドゥッラー・アルマリク・ブン・マルワーンの命によるものであった。ただしその預言者伝承を知った後、同ハリーファは地面を叩いて悔しがったとされる。

イ　諸　説

（ア）　初めて扉を付けた人としては、人類の祖アーダムの孫アヌーシュ・ブン・シャイスがヤシの木で作ったのが初めであったとする説や、異教時代のジュルフム族が洪水で水浸しになったので扉を作ったとする説もある。[56]

（イ）　扉の高さについては、イブン・アッズバイル以前、扉は地面より高いところに付けられていたが、地表から扉の上辺までが一一ズィラーウであった。ところがイブン・アッズバイルは扉を地面と同じ高さに戻したが、全体の扉の高さは維持した。その後アルハッジャージュの再建時には、再び扉を地上から二メートルほど持ち上げたが全体の高さは維持したので、扉自体の高さは約六ズィラーウ（三メートル）となった。[57]

（ウ）　歴史上の支配者たちは多額の資金を送り、扉の金銀細工を改めさせようとしたが、時としてシャイバ家と対立した話、扉に使用された釘の数の記録、古くなった扉をオスマーン朝廷に送り届ける話など、多くの物語を提供する材料ともなった。

（エ）　史上知られている扉の寄贈者としては次のとおり。

●西暦一一五五年、アッバース朝ハリーファ・アルムクタフィー、金銀製。
●西暦一二六一年、イエメン国王アルムザッファル、三〇キロの銀製。
●西暦一三三三年、エジプト・マムルーク朝支配者アンナースィル・ムハンマド・ブン・カラウーン、三五〇〇ディルハム支出。
●西暦一三六〇年、息子のハサン・ブン・カラウーン、木製。

●西暦一六三五年、オスマーン朝スルターン・ムラード四世、八〇キロの銀および一〇〇〇ディナールの金を使用。
●西暦一九四四年、サウジアラビア国王アブドゥルアジーズの命、一九四七年完成。銀製で文字は金字。
●西暦一九七九年、ハーリド国王の命により新調。金製、マッカの彫金業者アフマド・イブラーヒーム・バドルが作成した。
（オ）なお過去の扉の実物諸例もいくつか、マッカの二聖地博物館に展示されている。

（11）金銀装飾

カアバ聖殿を飾った初めての人は、預言者の祖父アブド・アルムッタリブで、彼はザムザム水を掘り当てた時に出てきた金糸織を使って飾りつけとした。また彼は、聖殿扉の鉄製の鍵を金で装飾したとされている。

次いでは、ヒジュラ暦六五年、イブン・アッズバイルは柱と鍵を金で飾った。扉を金で飾った初めは、ウマイヤ朝ハリーファ・アブド・アルマリク・マルワーンであった。ミーザーブを金で飾った初めは、その息子アルワリードであった。

その後、アッバース朝ハリーファ・アルムクタディルは、ヒジュラ暦三一〇年、聖殿内で扉に一番近い柱の三分の一が金で飾られていたが、その全体を金装飾にするように命じた。

前節のとおりイエメン国王アルムザッファルは三〇キロの銀製の扉を取り付けたが、彼の末裔であるアルムジャーヒド国王は聖殿内部を金銀で飾ったことで知られている。しかしそれらはすべてその後の改築の際にはがされて、それ以来、赤色あるいは緑色の垂れ幕で覆われている。[58]

（12）カアバ聖殿内部と入殿

カアバ聖殿の内部がどうなっているのかは、聖殿そのものへの関心とほぼ同程度に高いものがあると見られる。好奇心の対象でさえある。しかし内容は実に簡素なものであり、そこに何らの秘密めいたものが存在しないのは感心させられる。礼拝所であるということに尽きるのである。すべて簡素で公明正大という、非常にイスラーム的な性格そのものとも見られる。

このように関心を呼ぶのは、現在管理が厳しくなり入殿することが難しいという事情も関係している。聖殿内の礼拝はイスマーイールの囲い所の礼拝と同様に、功徳の多いものとして回礼（タワーフ）の後などにも大いに勧奨されているが、それはままならないのが実情である。

現在はマッカで行われる大きな国際会議などの後で、参加者に対する記念行事のようにして入殿させることや、各国指導者に対する行事としてそれが組み込まれるのが、扉の開かれる機会となっている。またそれらの行事とも組み合わせながら、年二回の内殿の清掃の際にも扉が開かれる。

ア　内部の様子

内部の様子の概要は次のとおりである。[59]

●内部は暗い。

●支柱は木の柱で、南北の並びで三本ある。それぞれの柱の距離は二・三五メートル、柱の太さは直径約五〇センチある。
●香料などを置く机が周囲の壁際にある。
●天井からランプが多数ぶら下がっている。
●内部には五〇人ほど収容可能である。
●電灯はない。
●壁と床は大理石であり、壁には垂れ幕のカーテンが掛かっている。
●窓はない。
●扉は正面のものが一つで、他方北東の角側には天井に上るための階段への戸口がある。
●天井にはクルアーンの言葉を書き記した布が張ってある。
以上で大体の様子は描かれていると言えるが、以下いくつか補足したい。

イ　垂れ幕[60]

内殿の壁と天井の垂れ幕の初めはわかっていない。西暦一一八二年のイブン・ジュバイルの旅行記には出てくる。それが新調される頻度は極めて少ないと考えられる。また長い間キスワと共にエジプトで作られていたが、それは赤色で製作された。

西暦一八七三年、オスマーン朝スルターン・アブドゥルアジーズが新調させたが、それは同朝の間、新調されなかった。赤色であったが、世紀が変わるころにはあまりに傷みが激しくて、既に緑色や灰色にも見えるようになっていたという。

次いではサウジアラビア王国となり、一九三六年、また一九四四年、アブドゥルアジーズ国王により新調された。さらに一九七九年、ハーリド国王の時に新調されて、それは正式に緑色になった。最近では一九九六年、ファハド前国王の命により、新たに緑色の内殿用垂れ幕が導入された。マッカのアジュヤード工場の良く訓練された一二名の職工が、製作の作業にあたった。

それには次の言葉が書かれている。「アッラーに称賛あれ」、「偉大なアッラーに称えあれ」、「なんと懐かしい」、「なんと良く与えられる」、「荘厳さと尊敬の主よ」、そして雌牛章二・一四四およびイムラーン家章三・九六。

なお北東側の角の方にある天井への階段の入り口の戸口には、黒色のカーテンが掛けられているが、それは外に出ているスィタールと同様の様式となっている。

以上カアバ聖殿内部の垂れ幕も、呼称としてはキスワと言われる。しかし通常、キスワと言えば聖殿の外に掛けられるもの（四側面と扉のスィタール）を指す。毎年更新されるかどうかなど、同じ呼称でも扱いは別になっているので留意しておきたい。

ウ　ランプ

古くより様々な贈答品がカアバ聖殿に届けられた。イスラーム以前、ペルシアより寄贈された例もあれば、有力者たちがイスラームに改宗したので所蔵の貴重品や、それまでの贅沢品を寄贈した話も残されている。内容は金銀、宝石、刀剣や香料などがあったが、中でもランプ（マアーリーク、掛けられる物の意味）の数は多く、記録に残されてきた。

アルファースィーの時代には、金製一個、銀製三個、水晶製一個、銅製二個、残り九個はガラス製で、計一六個のランプが掛かっていると記されている。[61]

その多数のランプの中には、イブン・アッズバイルにまで遡る歴史あるものも含まれていたともされる。

しかしほとんど手付かずで、バーサラーマの時代にはどれがどれだか、あるいは金製か銀製かも見分けがつかないほどになっていたとある。分別がつかないのは、管理責任のバヌー・シャイバ家の人達にとっても同じであるということだ。[62]

現在もこれらのランプの多くは、昔のまま聖殿内に残されている。

エ　柱

長くイブン・アッズバイルが使ったチーク材の柱が使われてきて、漸く一九九六年のファハド前国王の改築の際に新たな柱と交換された。

昔の柱は現在、マッカにある二聖地博物館に保存・展示されており、同博物館展示物の中でも最古となる。せいぜい三〇センチほどの細いものである。昔は赤色から黄色を帯びていたとの記録もあるが、現在は赤茶色の防腐剤で塗り込められており、外からはすっかり原色はわからない。

現在の柱は五〇センチほどに太くなり、金箔張りになっている。

オ　大理石

(ア)内部の壁にある計六枚の大理石版に、以下のような文字が書き込まれている。[63]

●東側、雌牛章二・一二八。

●北側、寄贈者名など。

●西側には四枚あるが、蟻章二七・一九、雌牛章二・一二七、またカアバ聖殿の建造者、改築者などの氏名。

(イ)内部の壁や床を赤、緑、白色の大理石で張り巡らせたのは、ウマイヤ朝ハリーファ・アルワリードが初めてであった。[64]シリアからその大理石を送ったのであった。その後は、大理石の破損などにもより、幾度となく張り替えが行われてきた。現在の大理石は白色である。

カ　入　殿

現在は礼拝のために聖殿内部に入れる機会は稀であるが、歴史的にはどのように扱われてきたのであろうか。[65]

イスラーム以前には、毎週月曜日と木曜日、あるいは毎週月曜日と金曜日に開けられていた。ヒジュラ暦五七五年、イブン・ジュバイルの記録によると、毎週月・金曜日、ただしラジャブ月だけは毎日開けられているとある。また十一月（ズー・アルカアダ）二十六日には、土地の名士だけが入殿し、掃除も行われた。そして同月二十七日には、巡礼に備えてカアバ聖殿のキスワが持ち上げられたが、それ以降は翌月（ズー・アルヒッジャ）八日まで毎日開けられた。それはイラン、イラク、中央アジアなどからの巡礼者のためであった。そしてそれ以降は、新年の初めての金曜日まで開けられることはなかった。

しかしその後、金曜日は続けられたが、月曜日については九、十、十一月（ラマダーン、シャウワール、ズー・アルカアダ）の三カ月だけと制限されるようになった。とくに婦人はこれらの月曜日に限られた。また特別の日として、三月（ラビーウ・アルアウワル）十二日、七月（ラジャブ）二十九日の両日も開けられて、後者では子供づれの婦人も認められた。したがってその後には必ず清掃が行われた。また断食明け祭りなどにも開けられた。

なお今日現在、清掃のために年二回扉が開かれることに関しては、本章（14）「洗浄と香料」を参照されたい。

いつカアバ聖殿を開くべきかについては、格別のクルアーン上の言葉や預言者伝承はない。このことが歴史上、かなり扱い方に変遷が見られる一因となったことは間違いないであろう。

また入殿できる時には、入って礼拝することが義務なのかどうかについては、イスラーム法上の問題として、また昔は実際上の問題として喧しく議論されてきた。いずれの法学派においても、少なくとも強く勧奨されることであることは間違いない。またいずれにしても本件はイスラーム法学そのものの問題であり、また今日では全く現実の問題にはならないので、ここでは本件については、昔そのような議論があったことに言及するに止めたい。

キ　入殿の作法

カアバ聖殿の功徳に与るためにも、格別の入殿の作法が説かれてきた。

そのほとんどの内容は、聖マスジドへの入堂の作法と同様であるが、カアバ聖殿に入殿するための作法として、改めて強調されてきたものである。それだけに、これらの作法の改めての指南は、ムスリムのカアバ聖殿への格別の思いを示唆しているものであるとも言わねばならない。

なおそれらの根拠はすべて関連の預言者伝承に求められる。以下その要点を摘記する。[66]

「通常の礼拝前の洗浄ではなくて、全身を清める大洗浄を事前にすることが望ましい。

また当然、足から履物は脱ぐこと。天井などを見上げないこと。それは不注意を招いたり、集中力を欠くことになるからである。混雑を避けること。

不必要な話をしないで、一般に善良に行動し戒められる事柄はしないこと。

心には畏怖と帰順を、そしてできれば目には涙を流すこと。

聖殿内では何事であれ、人に頼むことはしないで、お願いはアッラー以外にはしないこと。

婦人も同様の作法が求められる。」

またさらには当然ながら、気持ちの上では、アッラーに帰順のための礼拝をし、自らの罪と過ちを悔悟し赦しを請い、アッラーを称え、偉大であるとし、その唯一性を信じる旨を述べることに集中して専念することが必要である。それは預言者ムハンマドの慣行（スンナ）に則ることでもある。

(13) 守護職（サダーナ）

ア　概　略[67]

西暦六三〇年（ヒジュラ暦八年ラマダン月十日）、預言者ムハンマドによりマッカ征圧がなって、それまでカアバの鍵を預かってきたタルハ一族の去就が問題となった。しかし預言者は当時のウスマーン・ブン・タルハに対して、引き続きその役職にあたることを認めた。

こうしてサダーナの職は現在も、その子孫の誇り高い職務となっている。なおこのタルハ族は、クサイユ・ブン・キラーブの五人の息子のうちの一人であるアブドゥッダールから出た血筋であるが、彼は預言者ムハンマドの祖先にもあたる。そしてウスマーン・ブン・タルハからシャイバ一族が生まれ、このシャイバ家がサダーナに就くこととなったのであった。

またサダーナは時に行われるカアバ聖殿の工事に際しては、一族で二四時間寝ずの警備にあたる。また毎年新しいキスワを受け取って、キスワの交換作業にあたるのもサダーナの責務の一つになっている。

鍵は長さ約二五センチで、歴史的にはいろいろなデザインのものが使用されてきた。

イ　歴　史[68]

（ア）　預言者イブラーヒームがいわばサダーナの初めであるが、その息子イスマーイールと孫のナービットが継いだ。その後ジュルフム族、そしてフザーア族と引き継がれた。しかし時代は多神教となりますます風紀は乱れ、カアバ聖殿の宝物も荒らされ、またザムザム水も枯渇し行方知れずとなってしまった。

クライシュ族の支配する時代となり、その祖の一人クサイユ・ブン・キラーブは一人で聖マスジド関係のすべての職権を掌握していた。しかし後に、息子の一人アブドゥッダールにサダーナ（あるいはヒジャーバ、覆い布係）、ダール・アンナドワ（集会所管理係）、リワーゥ（戦闘の際の旗持ち係）の三つの職を与えた。またもう一人の息子アブド・マナーフには、スィカーヤ（給水係）、リファーダ（巡礼者への食料供給係）、並びに、キヤーダ（戦闘指揮係）の三つの職務を与えた。

（イ）預言者ムハンマドがマッカ征圧の日に、鍵を持ってカアバ聖殿から出てきた。一緒に聖殿に入ったうちの一人であった、ウスマーン・ブン・タルハを呼んで、預言者が言った言葉は次のとおりであった。「この鍵をしまいなさい。」「アブー・タルハの息子よ、称賛すべきアッラーの信頼に掛けて、この鍵を受け取りなさい。そして、昔からのようにそれを永劫に大切にしなさい。あなた方の中で、それについて争う者がいるとすれば、それは不正な者である。ウスマーンよ、アッラーはあなたにこの家の安全をお任せになったのだ。」

この預言者伝承については、多数のクルアーン解釈学者、伝承学者、預言者伝記学者、歴史学者によって確かめられてきている。

そしてこの時に次の啓示が降ろされたのであった。

「誠にアッラーは、あなたがたが信託されたものを、元の所有者に返還することを命じられる。」

（婦人章四・五八）

（ウ）　ウスマーン・ブン・タルハの息子シャイバ・ブン・ウスマーンは、マッカ征圧の日にイスラームに入信した。彼はそれまでは、預言者ムハンマドに敵対心を持っていたくらいだったが、彼から一言二言掛けられて、すっかりアッラーに対する畏怖を感じたという。それくらいに預言者の立居振舞に印象付けられ、またシャイバ自身の精神的な状態も熟していたのであろう。

そしてヒジュラ暦四二年にウスマーン・ブン・タルハが亡くなってからは、ヒジュラ暦五九年にシャイバが他界するまで、タルハ家の長男として鍵を預かることとなった。

ウ　現　状

男子直系、年長者の世襲制で、引退はなく、終身同職に就くシステムで、現在に至っている。こうしてシャイバ家に伝統的にサダーナが継承されてきて、今日に至った。

これは預言者ムハンマドの奇跡の一つに数えられる。というのもこれほど重要な職責をめぐっては、当然ながら長年の間には嫉妬心や功名心といった欲望や野心の的になりかねないからである。事実、シャイバ家の直系は切れていると主張し始めた人も出たくらいである。しかし結局はいずれのハリーファあるいはスルターンからもこの重職を奪おうとする者は出てこなかった。上の預言者伝承のとおり、「あなた方の中で、それについて争う者がいるとすれば、それは不正な者である。」の一言がいかに有効であるかが如実に示されていると言える。

オスマーン朝の時代には、シャイバ家の職責を果たすために、ダール・アルミフターフ（鍵の家）という建物が建設されて、そこに長くシャイバ家は住んでいた。それはサファー門の近くにあったが、西暦一九五四年、聖マスジド拡張工事のために、この「鍵の家」は取り壊された。その後サウジアラビア政府がシャイバ家のための住居を別途提供しており、そこでシャイバ家の公務を取り仕切るとともに、鍵の管理もしている。

この鍵のコピーは作られず、金製でその重さは〇・五キロ、長さは約五〇センチである。過去の鍵の実物諸例は、在マッカ・二聖地博物館に収められている。

（14）洗浄と香料[69]

ア　カアバ聖殿の洗浄

マッカ征圧の日に偶像などを取り除き、聖殿を洗浄したのは預言者ムハンマド自身であったが、これが聖殿を洗浄した初めとされる。

香料を焚きしめ、香水を撒くこと（タトイーブ）とは、洗浄すること（タトヒール）であり、一般には清掃（グスル）と同義であると説明される。ただし洗浄は不浄さを除去するのであって、日本的な意味の、悪運をもたらす厄払いをするという発想とは似て非なるものなので注意を要する。

預言者の妻アーイシャは、「聖殿を清めるように。香水の効いた聖殿は、金銀を贈ることよりも好ましいから。」と言ったという伝承がある。こうして聖殿の洗浄は、倣うべき慣行であり従われる慣習となり、香料や香水を寄贈することは各時代を通じ各支配者が好んで行うところとなった。ウマイヤ朝第一代ハリーファ・ムアーウィヤは、香料専門の奴隷を聖殿の職員として派遣していたとも言われる。

カアバ聖殿内部の洗浄は、巡礼月初めの前後に年二回行われるのが慣わしであった。後者の場合は巡礼月（十二月）十二日に行われた。しかし現在は、一回はラジャブ月（七月）一日、もう一回は巡礼月一日に行われる。洗浄は埃落としも兼ねており、その作業時には聖殿内には電灯がともされる。

実際に洗浄をする日時には内外の政府関係者が招待され、全員が作業着として白い布（イザール）を下半身にまとって、箒などを持つことになる。使用される水はザムザム水にバラの香水を入れたものである。内部の清掃の後は、麝香、乳香などの香料を焚き染め、バラ水、アロエ水などが撒かれる。そして作業後は、外に待っている人たちに使用済みになった箒などをサダーナが分け与える。恵み（バラカ）をもたらすと信じられているのである。

この洗浄を取り仕切るのは、聖殿の鍵管理係であるサダーナの名誉職に長年就いているシャイバ家であるが、現在作業の実質的なところは、政府の鍵管理庁が全体の作業の責任と取り仕切りにあたっている。

主宰するのはサウジアラビア国王、またはその代理者である。また最近ではこの洗浄作業の指導者は、同国王がイスラーム関係諸国の要人を招いた席で、公表されるのが慣わしとなった由である。

イ　日々の清掃など[70]

聖殿内部の洗浄とは異なる、聖殿周辺の日常的な清掃については次のとおりである。

ウマイヤ朝第一代ハリーファ・ムアーウィヤがカアバ聖殿並びに聖マスジドの作業のために奴隷を送ったのが職員制度の始まりであった。その後も各時代の支配者は奴隷を送る慣習となった。彼らは、イスマーイールの囲い所を含めて日々の境内の清掃、ランプの管理、説教師の世話などにあたった。また彼らはその職責から敬意をもって扱われた。制服を着用して、その数は数十人に上るようになり、幾段もの階級のある組織に発達した。その最高職は鍵長と呼ばれた。様々な仕事道具をしまっておく納屋の鍵を預かっていたからである。

しかし現在は日常の仕事としてはすべて管理会社経営となっている。ランプは電灯に変わったが、聖マスジド内にほとんど無数にある電球を二四時間絶やさずに点けてあるので、それ一つをとっても大変に神経を使う仕事となるのである。

(15) 宝　物[71]

カアバの扉の右内側に一メートル半ほどの穴が掘られて、それは金銀製品、宝石、香料など聖殿への寄付、寄贈品の宝物の貯蔵に使用された。この穴は預言者イブラーヒームが作ったものであったが、蓋はされていなかった。

ジュルフム族支配の時代に何度か盗難にあったことがあった。そこでその穴にアッラーは白い蛇を住まわせられた。この蛇は約五〇〇年間そこで盗賊を防いできたが、クライシュ族による再建工事の際に、急遽天空から舞い降りてきた鷲に摘み上げられて立ち去ったという。

この穴はイブン・アッズバイルの再建の時に除去されて、それまでの宝物はすべてシャイバ家の館に移されることになった。そしてそれらは棚に入れたり、掛け物にして管理された。

預言者ムハンマドとアブー・ターリブの二人は、それを戦費に使おうとの意見も聞かれる中、この穴にあった資金には全く手をつけなかった。ちなみにその額は、黄金で七万ウキーヤ（概算で二五〇〇キロ）に上った。

その後アッバース朝時代の叛乱（ヒジュラ暦二〇二年）に乗じて、イブラーヒーム・ブン・アリー・ブン・アビー・ターリブ・アルアラウィーと呼ばれる男たちが盗みを働くなど、盗難の歴史は少なくない。[72]

しかし全般には、その宝物や資財はカアバ聖殿への信託財産（ワクフ）と同類であると解釈されたこともあり、その安全は守られ、またその使用目的は厳に聖殿の維持管理に限られてきた。また不正を働く者は死刑に処せられてきた。そしてこの宝には、アルアブラク（最も輝いているもの）という特別の名称が付けられた。

宝物が聖殿のためであれば処分可能であると考えられる根拠としては、預言者の妻アーイシャが守護職にあったシャイバ・ブン・ウスマーンに対して、キスワをアッラーのためであれば売却しても良いという判断を下したという言葉があてられる。

他方、そもそも古いものを保存しようという意識が一般に薄いなか、結局現在も残されている宝物の主たるものは、ランプしかないというのが現状である。なお現在はカアバ聖殿関連の品々（扉、雨樋、鍵、イブラーヒームの立処の保護楼など）で古くなり使用されなくなったものなどは、マッカ市内の二聖地博物館に納められている。

(16) 出来事

カアバ聖殿をめぐっては、歴史上様々な出来事が生起してきた。それは時折の盗難といった背景の小さなものも多数あった。他方、時代の流れを変えるような大きな背景を伴ったものも少なくなかった。

たとえばイブン・アッズバイルがウマイヤ朝の世襲制に反対したために、ウマイヤ朝の軍隊がマッカを攻撃し、その際カアバ聖殿は打撃を受けたため、イブン・アッズバイルは聖殿再建を図った。また次は逆に、イブン・アッズバイルを滅ぼしたウマイヤ朝軍の司令官アルハッジャージュは、マッカ攻略後に再び破損したカアバ聖殿を再興した。

これとほぼ同様のパターンは、その後もくり返されたのであった。一番最近の事例として、バーサラーマは彼の目前で起きたオスマーン・トルコ軍の攻撃の様子を詳しく記述している。それは彼の著述の一年前のことであった。[73]

ヒジュラ暦一三三四年（西暦一九一六年）シャアバーン月（八月）二十三日（土）に、トルコ軍はヒジャーズの太守シャリーフ・フサインを攻撃し、マッカ南のアジュヤード地区から砲火を聖マスジドの方向へ放った。それはフサインの軍勢がマスジド近くに立てこもって、その高い塔などから射撃をくり返していたからであった。砲撃は聖殿の天井に当たり、キスワを炎上させた。サダーナの職にあったシャイバ家の棟梁（ムハンマド・サーリフ・ブン・アフマド・アッシャイビー）は、直ちに聖殿を開けて、人々による消火作業にあたり、一応事なきを得た。

この記述に続いて、バーサラーマは次のように嘆き悲しんでいる。
「アッラーは見えるもの見えないものを含めて、あらゆる暴行を打ちのめされるように（祈ります）。これまでの時代に聖マスジドに対して、流血、殺人、強奪、略奪などが何度くり返されたことか。それらは不信者、狂気の者、そして多神教徒などならまだしも、ムスリム同士なのであった。崇高で偉大なアッラー以外に助けはなく、力もない。アッラーよ、ムスリムたちを導き、そして彼らの心を一つにしてください。そうして見えるもの見えないものを含めて、彼らの謀叛を治めてください。本当にアッラーこそは、応答に優れ、お望みのことができるお方。」

　このトルコ軍との戦いの背景は、シャリーフ・フサインがトルコ支配から脱却して、アラビア半島の支配権をアラブの手に取り戻そうとする、世に言う「アラブ叛乱」であった。アラビアのローレンスでも有名になったところである。また遡って、イブン・アッズバイルの時は、従来の慣行に悖るウマイヤ新政権の世襲制度という新たな政治制度に反対しての行動であった。

　バーサラーマの嘆きと悲しみは十分理解し同情できるとしても、一地方であるマッカと遠く離れた中央政権の間にそのような悲劇を生む客観的状況が、マッカでありカアバ聖殿を取り巻いていたとも言えるのである。それはマッカがアラブ・イスラームの伝統の母胎であることと裏腹である。換言すれば、中央政権の専横や横暴に対して、筋を曲げられない立場が初めからマッカには課せられているのである。

　しかしある意味で不幸なこの循環の連鎖は、サウジ家の政治的成功によって断ち切られることとなった。もはやマッカが遠隔地にある中央の政治勢力に対抗するような関係を想定する必要はないのである。

こうして漸く、バーサラーマの祈りは、現実のものとして実を結ぶことになった。そしてカアバ聖殿は平安で安息の礼拝所として、本来の姿を世界に現すことができることとなったのである。

(17)　カアバ聖殿本体

ア　聖殿本体の寸尺

昔からカアバ聖殿のサイズ測定は、様々に行われてきた。それが区々に分かれた理由の一つは、当時の長さを決める単位のズィラーウ（腕尺）にも種々あったことが上げられる。簡単に言うと「腕のズィラーウ」と「鉄のズィラーウ」と呼ばれるものがあったが、前者は後者よりも八分の一短い。これに加えて聖殿は正長方形になっておらず、一種変形した長方形であるということもあったであろう。

様々な測定結果があったもう一つの理由は、人々がこのサイズ測定に相当こだわっていたということがあった。聖殿であるから当然でもあろう。

そこでただに長さだけではなく、使用されている石の数も、どこからどこまではいくつになる、そしてどの石から数えれば長さはどれだけ、といった調子である。大きな石なら話は簡単だが、とくに扉の下の個所などの石は小さいものもあり、数え方、記述の仕方などで種々に分かれる事情は想像に難くない。

しかしこれら度量衡の寸尺方式の違いを整理すれば、自然と測定結果は歴史を通じてほとんど変わっていないというのが、バーサラーマの結論である。それによると、四辺を外側から東、北、西、南の順で見るとそれぞれ、一一・八八メートル、九・九二メートル、一二・一五メートル、一〇・二五メートルであるという見方に従っている。

そして現在ではこのある種の論争も、西暦一九八三年の改装の際に行われた公式測定で決着がついている。その内容は、次の表のとおりである。[74]

東辺	外側	一一・六八メートル
	内側	九・八九メートル
北辺	外側	九・九〇メートル
	内側	八・〇〇メートル
西辺	外側	一二・四〇メートル
	内側	一〇・一五メートル
南辺	外側	一〇・一八メートル
	内側	八・二四メートル

イ　積み石

マッカ付近はかなり古い時代の火山噴火でできた花崗岩や玄武岩が大半であるが、聖殿本体はそれが二六段積み上げられてできている。

そのうち一五段目が薄い石になっているが、これは西暦六八四年、ヒジュラ暦六五年、イブン・アッズバイルによって聖殿の高さが二七ズィラーウ（一三・四六メートル）にされる前の、一八ズィラーウの高さの位置の残滓である。

一九九六年、すべての石ははずされて、清掃の後に強化固定材を使用して再び元に戻された。

ウ 天井

天井はイブン・アッズバイルの建造の時以来、二層になっている。その間隔は二ズィラーウ（約一メートル）で、上の屋根の表面には大理石が敷き詰められて、下の天井への光取りのために四つの穴が開いている。

また下の方の天井を支えるために、三本の横梁の木材が使われており、それらは東西の方向に均等に並べられている。その高さの位置は、石積みの第二一段目である。

そして東側面と西側面の石壁を突き抜けて、それら三本の木材の頭はキスワがなければ外側から見える格好になっている。

これら三本の横梁の木材の下に、南北の並びで三本の柱が聖殿内に設けられているのである。

(18) 今はないもの：バヌー・シャイバ門と説教台

聖殿周辺のよく知られた造作物としては、ザムザムの給水所（サビール）、イブラーヒームの立処の小屋（マクスーラ）に加えて、バヌー・シャイバ門と説教台（ミンバル）があった。

前二者についてはそれぞれ既に取り上げたので、後者二つについてここで記しておきたい。いずれも既に存在しないものではあるが、歴史上よく知られ、少し前の写真には必ず顔を出していたので、それらの背景は概略なりと知っておく意味がある。[75]

ア　バヌー・シャイバ門

イスラーム以前よりシャイバ家はカアバ聖殿の鍵を預かる立場にあったが、聖殿周辺の境内のすぐ外側にその居を構えていた。自分の家との間には参道を設けたが、その参道を経て境内に入るための門として、バヌー・シャイバ門を設けたのであった。それは別名、もしくは改名してアッサラーム門と呼ばれた。

預言者ムハンマドもイスラーム以前からこの門を使って出入りすることが多かったという。最初で最後の「別離の巡礼」の時もこの門から入った。ただその時に出るために使った門は、別の東側のサファー門であった。

西暦八七一年、アッバース朝ハリーファ・アルマハディーはシャイバ家の館を撤去させたが、聖殿周辺の門にはアッサラーム門という名称が残った。

他方昔ながらのバヌー・シャイバ門は聖殿周辺の元々の地点に、孤立した格好で残された。それは四角い二本の柱の上に立つアーチ（高さ八メートル）のような形状で、イブラーヒームの立処のすぐ後ろに置かれた按配であった。それは預言者所縁の門として、保存されたのであった。

しかし聖殿の周辺拡張工事に伴い、その古い門も西暦一九六八年、ついに撤去された。その後しばらくは元あった場所を示す印が地上に残されたが、それも一九七二年には消去された。同時にザムザム水の給水所跡の場所を示す地上の印も除去された。

現状は聖マスジドの回廊にある、三〇以上の門の一つにバヌー・シャイバ門と称される門が新たに設けられている。サファーとマルワの中間地点にそれはある。

しかし一般にはそれの一つ南側にあるアッサラーム門からマスジド構内に入るほうが好まれている。場所が動かされ名前だけが復活したバヌー・シャイバ門ではなくて、より古くからの地点に近い所にある、アッサラーム門が好まれているということになる。

イ　説教台（ミンバル）

長い間、いつもカアバに沿った地面に立って説教が行われたが、ウマイヤ朝第五代ハリーファ・ムアーウィヤ一世は初めて木製で三段の説教台をシリアから持ち込んできた。この説教台はアッバース朝ハリーファ・ハールーン・ラシードのときまで使用されていた。同ハリーファは新たに木製で九段のもの（エジプト製螺鈿細工）を導入した。

なお三段は預言者ムハンマドのアルマディーナにおける当初の説教台の段数と同じで、その慣行（スンナ）に則ったものである。その後、礼拝者数が増えてより高い説教台が必要となった。その時には、先の三段の一番下の段を七段目として崇めるために、下に新たに六段を加えて合計九段とするのがマッカ以外の各地でも好まれるようになった。七段目が崇められる理由は、天も七階層に分かれているとされることが背景にある。

それから八世紀の間に一一台の説教台が寄贈された。その中には、車輪付で説教の時だけ聖殿際に寄せられて、それ以外のときは後方、アッサラーム門辺りに下げられる方式のものも現れた。それは周辺で回礼（タワーフ）するのに障害にならないためであった。

西暦一五五九年、オスマーン朝第一〇代スルターン・スレイマーン・アルカーヌーニーは白い大理石製の説教台を寄贈した。それはさらに高くなっており、合計一四段、五・七メートルの高さであった。これは当初は聖殿際にあったが、一九六三年、八メートルほど後ろに置き換えられ、それから一九七九年まで使用された。少し古い写真によく出てくるのがこれである。

二〇〇二年、ファハド前国王の命により、約一億八千万円の経費を掛けて説教台が新調された。それはステンレス構造の上に白の大理石細工で仕上げられ、冷房付、電気移動式になった。また拡声器の使用により以前ほどには高さが必要なくなり、説教師の立つ場所までの高さは二メートル足らず、階段も半分の七段となった。

こうして説教台の姿は、聖殿周辺の風景としては説教の時だけしか見られなくなった。他方、これとは別に姿を消したイマームのお立ち台（マカーム）がある。

それは聖マスジドにおいて、四法学派の礼拝導師（イマーム）が立つ場所が逐次定められていった事情が背景にあった。シャーフィイー学派はイブラーヒームの立処の後ろ、ハナフィー学派はイスマーイールの囲い所の側、マーリキー学派は西側の一辺、ハンバリー学派は南側の黒石に向かう地点となった。

礼拝の順序もほぼこの順序で行われたが、歴史的には例えば日没の礼拝ではどの学派が優先するか、あるいは各学派の少しずれた時点でのアザーンはどの程度ずれることが許されるかなどで異論があり、様々なやり方が実施されてきた。そして四法学派の礼拝導師のために、大きなお立ち台（マカーム）

がそれぞれ設けられたのである。

こうして巡礼者で一杯になる以前の時代には、聖殿周辺には数々の大きな造作物が立ち並んでいたのであった。なお現在では、礼拝は一つにまとめられ、また説教台に立つ説教師は、四法学派をまとめた立場から話をすることになっている。

注

(1) DVD、第二巻、第八話。

(2) 前掲書『日訳サヒーフ ムスリム』第二巻、三五二－三五三ページ。『ハディース』上巻、四二八、四三〇ページ。

(3) アルファースィー、前掲書、第一巻、二二九ページ。

(4) 前掲書『世界アラブ百科事典』第一九巻、三一五ページ。

(5) 以下の黒色と白色の議論は、アルファースィー、前掲書、二二五－二二七ページ。

(6) バーサラーマ、前掲書、一八九－一九九ページ。

(7) 白い色であったとの話は、アルファースィー、前掲書、第一巻、二六〇ページ。

(8) この時に黒石の専門家による計測が行われたが、その結果は言及されていない。バーサラーマ、前掲書、一九九ページ。イブン・バットゥータ『三大陸周遊記』前嶋信次訳、中公文庫、一九九四年、六五ページには、外は縦約二四センチ、横約一六センチと出てくる。

(9) バーサラーマ、同掲書、二五〇－二五二ページ。

(10) アルファースィー、前掲書、第一巻、二七八ページ。

(11) バーサラーマ、前掲書、二二六－二三一ページ。アルマアジャンには別称、アルジュッブ（穴）、アルビイル（井戸）、アルアフサフ（隠れ）、アルガブガブ（飲む）などあり。インターネット http://www.tohaji.com

(12) アッティルミズィー、アフマド・ブン・ハンバルの伝承などいくつもの典拠がある。アルファースィー、前掲書、第一巻、二六九ページ。
(13) 「名誉のカアバ聖殿」、前掲書『世界アラブ百科事典』第一九巻、三一五ページ。
(14) 「イブラーヒームの立処」、インターネット http://www.tohaji.com
(15) 「イブラーヒーム、彼に平安を」、前掲書『世界アラブ百科事典』第一巻、七九－八〇ページ。
(16) ミウラージ・ブン・ヌーワーブ・ミルザー、アブドゥッラー・ブン・サーリフ・シャーウーシュ共著『誉れ高きマッカと聖なる諸儀礼所の写真集』リヤード、二〇〇四年、二〇六－二一一ページ。
(17) アルファースィー、前掲書、第一巻、二七二ページ。
(18) ミウラージ・ブン・ヌーワーブ・ミルザー、アブドゥッラー・ブン・サーリフ・シャーウーシュ共著、前掲書、二〇六ページ。
(19) 以上のように預言者の墓をめぐっては実に様々に伝えられがちである。これについては、墓の在り処は信仰の外の話であり、その確定作業は宗教以外の事柄である、とするイブン・タイミーヤの見解は的を射ていると言えよう。『ファトワー全集』リヤード、出版年不明、第二六巻、一四八ページ。
(20) インターネット「カアバ聖殿付属物の歴史」http://www.tohaji.com
(21) バーサラーマ、前掲書、二一一－二二六ページ。
(22) アルファースィー、前掲書、第一巻、二六四、二八八－二九〇ページ。ここでの預言者伝承はすべて同書に拠っている。
(23) 前掲書『ハディース』中巻、一八四ページ。
(24) アブド・アルワッハーブ・アンナッジャール『預言者物語』カイロ、出版年不明、一三四－一三六ページ。
(25) バーサラーマには扱われていないが、アルアズラキー、イブン・アッディヤーイやアルファースィーは大いに触れている。
(26) 主として、DVD、第一巻、第五話。
(27) 前掲書『世界アラブ百科事典』第一九巻、三一六ページ。

(28) アルファースィー、前掲書、第一巻、三三五ページ。
(29) 同掲書、第一巻、三三五－三四二ページ。
(30) イブン・アッディヤーイ、前掲書、一四八ページ。
(31) 口絵写真2「カアバ聖殿内部と洪水」のうち、下の写真にこの給水所の一部が出ている。
(32) 主として、DVD、第二巻、第九話、『アラブ世界百科事典』第一九巻、三一六－三二〇ページ。
(33) アルファースィー、前掲書、第一巻、一六九ページ。
(34) アフマド・アッスィバーイー、前掲書『マッカ史―政治・学術・社会・文明研究』第二巻、五五〇ページ。
オスマーン朝スレイマーン一世（在位西暦一五二〇－一五五六年）当時、新たに設けられた一〇カ所のワクフ制に入れられた村のリストが掲載されている。
(35) バーサラーマ、前掲書、四七五－四七九ページ。
(36) 前掲書『アラブ世界百科事典』第一九巻、三一九ページ。
(37) アルファースィー、前掲書、第一巻、二六二－二六九ページ。
(38) インターネット「カアバ聖殿の付属物」http://www.tohaji.com
(39) アルファースィー、前掲書、第一巻、二三〇－二三二ページ。
(40) アブー・ダーウード（一八七四）、アンナサーイー（五－二三二）他。
(41) アッティルミズィー（四－一八二）、アフマド・ブン・ハンバル（三－八九、九〇）。
(42) イブン・マージャ（二九五八）。
(43) 同掲書、第一巻、二三三ページ。
(44) 同掲書、第一巻、一七九－一八七ページ。
(45) 個別の断りないかぎり、インターネット「カアバ聖殿の付属物」http://www.tohaji.com
(46) バーサラーマ、前掲書、一七九－一八四ページ。
(47) アルファースィー、前掲書、第一巻、一五四－一五六ページ。
(48) このアーイシャの伝える預言者伝承については、バーサラーマ、前掲書、一八四ページ。ムハンマド・ブン・アフマド・ブン・サーリム（一九〇三年没）の写本『望みの達成（タハスィール・アルマラーム）』在マッカ・二聖地図書館所蔵番号一一－二四。

(49) アルファースィー、前掲書、第一巻、一五五ページ。

(50) バーサラーマ、前掲書、一八四ページ。イブン・タイミーヤ『ファトワー集』第二六巻、一二一ページ。

(51) サラーフ・アッディーン・アルムナッジド『アラビア語化されたペルシア語辞書―無明時代詩、クルアーン、預言者伝承、ウマイヤ朝詩』ベイルート、テヘラーン、一九七八年、一二九ページ。

(52) なおカアバは生命始原の家として昔は考えられていたという興味深い見解を述べる中で、ザムザム水をこのミーザーブから下に流して命の再生を嘆願したことがその一つの証左として挙げられる。川床睦夫編『シンポジウム「巡礼」―Part I』中近東文化センター、一九八六年、九八－一一〇ページ、井本英一「カーバ論」。しかし留意しておきたいのは、アラブの関係文献上はあくまで雨水排水のためとして扱われていることであり、またその設置の時期はそれほど遡らないということである。

(53) バーサラーマ、前掲書、二三三ページ。

(54) インターネット「カアバ聖殿の付属物」http://www.tohajj.com

(55) 個別の断りないかぎりインターネット「カアバ聖殿の付属物」http://www.tohajj.com

(56) アルファースィー、前掲書、第一巻、一四三－一四六ページ。

(57) バーサラーマ、前掲書、二三六ページ。

(58) バーサラーマ、前掲書、二四五－二五〇ページ。アルファースィー、前掲書、第一巻、一五六－一六〇ページ。

(59) インターネット「カアバ聖殿の付属物」http://www.tohajj.com　北米イスラーム協会会長がカアバ聖殿に入り、そこで見たという様子が掲載されている。そのほか聖殿内に入っての記録は種々あるが、一般的に押しなべて厳粛な雰囲気もあり、また精神的な高揚もあり、精緻な描写は行われてきていない。

(60) バーサラーマ、前掲書、二二〇、四七三ページ。ミウラージ、シャーウーシュ共著、前掲書『誉れ高きマッカと聖なる諸儀礼所の写真集』一五八ページ。

(61) アルファースィー、前掲書、第一巻、一六三ページ。
(62) バーサラーマ、前掲書、二六一ページ。
(63) バーサラーマ、前掲書、一七四－一七七ページ。
(64) 同掲書、二六二－二六七ページ。
(65) アルファースィー、前掲書、第一巻、一七六－一七九ページ。およびフサイン・ブン・ムハンマド・アルハサン・アッディヤーリ・バクリー、前掲書、二九－三一ページ。
(66) アルファースィー、前掲書、二二一ページ。
(67) DVD、第二巻、第七話。
(68) バーサラーマ、前掲書、三六三－四一五ページ。
(69) 「名誉のカアバ」、前掲書『世界アラブ百科事典』第一九巻、三二〇ページ。バーサラーマ、前掲書、四三三ページ。
(70) 同掲書、四三四－四三六ページ。
(71) バーサラーマ、前掲書、四三九－四四五ページ。
(72) イブン・アッディヤーィ、前掲書、一一六ページ。このほかにも盗難の事例は、ヒジュラ暦二〇〇年、二五一年、二六六年、四〇二年、四六二年、五八六年などに残されている。
(73) バーサラーマ、前掲書、四五五－四五六ページ。
(74) バーサラーマ、前掲書、一七一－一八一ページ。イブラーヒーム・リファアット『二聖地の鏡―ヒジャーズ地方の旅、巡礼そして宗教上の儀礼』、ベイルート、出版年不明。
(75) 前掲書『誉れ高きマッカと聖なる諸儀礼所の写真集』二一、二一一、二一八ページ。

5　カアバ聖殿の感動

カアバ聖殿を目にするだけでも、立派なアッラーへの帰順の行為（イバーダ）であるとされる。それはムスリムにとって、長く待ち焦がれた憧憬と思慕（シャウク）の一瞬であり、畏怖と崇敬の念が一気に最高潮に達する時でもある。カアバ聖殿の長い歴史とさまざまな事跡の背景となり、また原動力となってきたのは、他でもないこのような弛まぬ篤信であった。

ここでは、カアバ聖殿を全幅的に理解するために不可欠な一側面として、それを取り巻く敬虔な気持ちの高揚の様を、いくつかの事例に沿って見ておくことにしたい。

いわゆる巡礼記や聖地を含む旅行記の類には、必ずと言っていいほどこのような場面や感情の吐露が記されている。新旧を問わずに見れば、このジャンルに属するアラビア語で出版された書籍としては、一千点はリストアップされる状況である。本来ならばそれらをできるかぎり網羅的に見て、細かに多数の事例を比較検討するのが、当然の正攻法である。[1]

以下は限られた寸描にすぎないが、このカアバ聖殿を取り巻く精神的な方面への関心と考慮を促すための試みである。

まず古典的な巡礼記を二件取り上げよう。

（1）イブン・ジュバイル

ア　その旅と記録

アンダルシアの人、イブン・ジュバイル（西暦一一四五－一二一七年）は、一一八三年から一一八五年まで、二年三カ月の長い旅をして巡礼を果たした。マッカ到着は一一八三年八月四日（木）で、それから一年の間、マッカに滞在した。またその後はさらに巡礼の機会を得て、前後三回行ったことになる。最後の第三回目の帰路、カイロで帰らぬ人になったが、一生を巡礼のために費やしたといっても過言ではないだろう。

最初の巡礼の後に彼が著した『旅路での出来事に関する情報覚書』は、当時より旅行記の手本となるくらいにはよく知られていた。またそれが伝える豊富な情報は、その後の史料的価値を発揮するとともに、イブン・ジュバイルの逞しい知識欲のよい証にもなっている。[2]

イ　カアバ聖殿をめぐる記述

カアバ聖殿への到着の瞬間は、次のように描写されている。

「そうこうしているうちに、前述の日の前述の時（ラビーウ・アルアーヒラ月一三日第一刻）にアッラーの偉大なる聖域であり、アッラーの友イブラーヒームの住まいにわれわれは到着した。われわれは神聖な家カアバが、至福の園へ巡礼者たちに取り囲まれて導かれてゆく、ベールをはずして姿を見せた花嫁であるのを見た。それからわれわれは到着のタワーフ（回礼）をし、聖なる御立台で祈り、ムルタザムのところでカアバの垂れ幕にすがった。それは黒石と門（著者注：カアバ聖殿の扉バーブの意味）の間にあり、アッラーが信者の祈りを受ける場所である。それからわれわれはザムザムのドームに入り、その水を飲んだ。ちょうど預言者が言われているように、その水は目的に応じて飲まれるものである。そしてわれわれはサファーとマルワの間を走り通い、散髪し、巡礼の衣を脱いだ。そこへわれわれを訪れさせて下さり、われわれをイブラーヒームの祈りがアッラーに達するような者のひとりにして下さったアッラーに讃えあれ。アッラーだけでわれわれには足りる。アッラーこそは何と良い守護者であろう。」

「御立台や聖なる館（カアバ聖殿）を目の当たりにすることは、人の心に驚きの念を引き起こす恐怖にも似て、それは感情や知性を混乱させるほどのものである。人は、人々が謙虚になって、これらを見つめ、涙を流して泣き叫び、至高至大なるアッラーに嘆願して祈る姿を目の当たりにするばかりである。」

ここで「人の心に驚きの念を引き起こす恐怖にも似て、それは感情や知性を混乱させるほどのものである」としている。これが、イブン・ジュバイルがカアバ聖殿に初見参した時の感動であり、その火花の散り方である。

他方その旅行記を見るにつけ、彼がいかに知識欲に燃えた知性逞しい人物であったかということは、想像に難くない。上のカアバ聖殿のことだけではなく、彼の旅行記全体が当時の地誌としても貴重な史料となる所以である。このような彼の知的に逞しかったことを考え合わせるとますます、「知性を混乱させるほど」と言う時の、彼の受けた衝撃の大きさはいかに尋常ではなかったということが、如実に浮き彫りになるのである。さらに聖殿内に入ることについても、筆が及んでいる。

「聖域（聖殿内）は、確かに人々で込みあうが、至高至大なるアッラーの力によって、全ての者がそのなかに入ってもはみ出ることはなく、あらゆる場所で人々が祈りをすることができる。

人々は、そこから外に出るとき、出会うと互いに『聖殿に、今日入ったか』と尋ね合う。すると誰もかれも、『私は入って、これこれしかじかの場所で皆が祈るところで祈った。』と答える。アッラーにこそ明徴と人間業では及ばない証拠、明証が備わっており、アッラーこそは称うべき至高なお方である。」

彼がマッカに到着した後には、マルワの地点で散髪しいったん巡礼着を脱いでいることから、それは小巡礼をしていたことがわかる。また時期的にも、マッカ到着はラビーウ・アルアーヒラ月（四月）であるから、まだ巡礼の時期（シャウワール月十月から巡礼月十二月十日まで）には入っていない。したがって大巡礼の最中とは異なり、混雑ぶりはまだましであったものと推測される。

それにしても何とか聖殿に入れたこと、あるいはそもそも聖殿の扉が人々に対して開けられたという状況自体、今日の様と比較するとなんとも羨ましいかぎりである。

彼の記すところによると、当時は毎週月曜日と金曜日に扉は開けられたとのことで、さらにはラジャブ月だけは、毎日開けられていたとある。[3]

また人々が互いに、「聖殿に、今日入ったか」と尋ね合う様子も微笑ましく、興奮と高揚の後の達成感と安堵感に包まれていたと思われるが、その姿がまざまざと手に取るように浮かんでくる。

（２）イブン・バットゥータ

ア　その旅と記録

イブン・バットゥータ（西暦一三〇四－一三六八／六九年）は、西暦一三二五年にモロッコを出発してから一三四九年に帰国するまで、足掛け二五年を費やして、東は中国、東南アジア、インド、中央アジアなどに及ぶ世界旅行を敢行した。これは当時のイスラーム圏をほとんどカバーしていることになる。しかし所期の目的はあくまで、聖地における巡礼であった。

ところが彼の好奇心は旺盛で、いったん帰国後また旅に出た。今度はアフリカ中央部の東西に及んだ。すなわちサハラ砂漠を横断し、マリ国やニジェール河畔からタンザニアの方面にまで、その足跡を伸ばすこととなった。

この大旅行記が、『都会の新奇さと旅路の異聞に興味を持つ人々への贈り物』（通称『三大陸周遊記』）で、一三五六年に完成した。イブン・ジュバイルに負けない強靭な知性の持ち主であったことは間違いない。随所に、イブン・ジュバイルの記録からの借用も辞さなかったほどであった。

イ　カアバ聖殿をめぐる記述

さてマッカ訪問に関しては、一三二六年、シリアから砂漠の道を一カ月ほど辿り、アルマディーナを訪問後、マッカに到着した。巡礼月の前月であるズー・アルカアダ月（ヒジュラ暦十一月）の初めから二カ月ほど、同地に滞在することになった。

「いよいよ待望の地に達したことを思えば、心は喜悦に満ちた。夕方、この恵まれた谷間をたち、翌日の朝まだきに貴いメッカ（マッカ）の町に入り、直ちにアッラーの聖殿に赴いた。そこはアッラーの友アブラハムの家居のあとであり、預言者マホメットがはじめて教を説いたところでもある。……
わたくしたちは東北方のバニー・シャイバ門から境内に入り、神聖なカーバを仰いだ。敬虔な衆群はそれをとりまき、天国への路を求めようとしている。わたくしたちもまた到着のタワーフを行い、聖石に接吻した。マカーム・イブラーヒームで二ラカー（注：ラカーアは礼拝の一単位）の祈りを行い、ザムザムの聖泉の水を飲んだ。……

アッラーの、いみじきわざのうち、とりわけ心を惹くことは、人々の胸のうちに、この霊域を訪れようという強い願望を植えつけ給うたことである。この憧れは、激しくて、何者もこれを阻止することはできぬ。また一度この地に至った者は、深い愛著を生じ、もはや別れ去るにしのびなくなる。やむなく去り行くときは、必ず再び三たび帰ってくると心に誓うのである。

この地を深く慕うがために、たとえ遠く離れていようとも、いつも心にはその姿が浮び、ここに来るがためには途中のあらゆる艱難も困苦も甘んじて忍ぶのである。いくたりの病弱者が、この聖域を志す途中で命を失ったことであろうか。しかも、アッラーが、その信徒をこの地に集めたもうたときには、すべての心は歓喜に満ち、途中で何らの苦しみにも遭わなかったかのごときさまである。これが神意でなくて何であろうか。[4]」

「アル・マスジド・アルハラームは町のほぼ中央にあって、東西は約四百肱尺、南北もほぼ同じくらいである。その中央にカーバが立っている。方形の建物で、その美しさは筆にも言葉にも尽し得ぬのである。褐色で堅牢な石材を巧みに積み上げて作ったもので、多くの年月を経ても少しも変ったところが見えぬ。カーバの入口は、北東面の壁にあり、この入口と黒石との間の壁をアル・ムルタザムという。巡礼の人々は、ここに胸をあてて熱烈な祈りをささげるのである。

カーバの扉が開かれるのは毎週金曜日の祈りの後であるが、毎年、マホメットの誕生の日（マウリド）にも開かれる。そのときは、下部に車がつき、木の階段がある説教壇のような（登り）台をカーバの壁に近づけ、シャイバ族の長老が、手に鍵を執って、その上に登る。護衛の人々が扉の外に垂れているカーテンを持ち上げると、長老は扉を開き、そのしきいに接吻した後、ただひとりで内部に入り、扉を閉める。そして二ラカーの祈りを献げる。そのあとでシャイバ族の人々が次々に入って祈りを行い、それがすんだ後に、初めて一般人もうちに入ることを許される。……

カーバの床には、白、青、紅などの大理石が目もあやに敷きつめてあり、四面の壁もまた大理石である。チーク材の高い円柱が三基、それぞれ四歩の間隔を取って中央部に立っている。

カーバの垂幕は黒絹で、白い文字を浮かし、屋根から地面までを蔽い、つやつやと輝いている。カーバの第一の不思議さは、いかほど多くの人数がその中に入っても狭く感じぬことであり、第二の不思議さは、夜となく昼となく、その周囲をめぐる人影が絶えた時がないことである。第三の不思議は、メッカには多数の鳩がいるが、決してカーバの上にはとまらず、またその上を飛び翔けることもしないことで、他の鳥どもにしてもそうである。これらの鳩は聖地の至るところを飛んでいるが、カーバの上に近づくと、方向を転じて決してその上には来ない。この上にとまるのは病気の鳥のみで、そこにとまれば、間もなく死ぬか、あるいは病が癒えるといわれている。またカーバの東南角にある黒石は、背丈の高いものならば、接吻するにはかがまねばならず、低い人ならばやや背伸びしなければならぬくらいの高さである。幅は三分の二シブル、長さは一シブル（一シブルは二二ないし約二四センチ）ほどで、しっかりと壁に嵌めてあって、どのくらいの深さがあるかはわからない。四つになったものを継ぎ合わせてあるのは、昔、カルマット教徒に割られたためだといわれている。この石に接吻すれば、くちびるから喜びが伝わり、いつまでも口づけを続けていたくなる。これこそこの石の霊性であり、アッラーの特別の恩寵がそこにあるからである。『アッラーがこの世に示したもう、その右の御手である』とは預言者のお言葉であるが、これほどによくこの霊石の功徳を説明したものはあるまい。」

　マッカとカアバ聖殿への強い思いがじっくり語られている。しかもそれはイブン・バットゥータ個人としてではなく、大半は、誰であれ、という一般論として示されている。彼自身の事柄として語られているのは、「わたくしたちは東北方のバニー・シャイバ門から境内に入り、神聖なカーバを仰いだ。」というくだりだけである。

　しかしこの自分を抑えた簡潔な記述は、逆に重みを伝えているのではないだろうか。感動は、自分一人のものではないということである。

　そして彼がどのような面持ちで、「（高名な）バニー・シャイバ門から境内に入り、神聖なカーバを仰いだ」かも、その表情まで思い浮かんでくるものがあり、その敬虔さに溢れたに違いない様子が偲ばれる。

　また当時の慣習や実際の入殿の手順なども、これを読むと細かに判明するのは、さながら実況中継を見ているようで、大変に貴重な描写である。またカアバ聖殿をめぐる三つの「不思議」の話も、当時聖殿をめぐってどのような事柄が人々の口に上っていたかがわかり、同時にそれが人々のカアバ聖殿に対する気持ちとして、時代や地理的距離の壁を越えて巧みに伝わってくるように思われる。

（3）ムハンマド・フサイン・ハイカル

ア　その旅と記録

時代は飛んで、現代世界の人たちに視点を移したい。

現代エジプトは、一九世紀以来の西欧文明を吸収することに忙しい時期を経て、二〇世紀も三〇年代以降は、そのより戻しが顕著になる風潮にあった。そしてさまざまな伝統的主題が好んで取り上げられた。預言者ムハンマドや四代正統ハリーファたちの伝記や業績などの歴史物が、何人かの主導的な作家、学者によって盛んに著されたのであった。

文豪ムハンマド・フサイン・ハイカル（一八八八－一九六四年）は、一九一四年、『ザイナブ』という女性をヒロインとした小説を発表したが、これは真に文学的な現代エジプト小説の初めとも評されるものであった。しかし彼は、その後は純文学ではなく、旅行記や伝記執筆などにいそしんだ。そして漸く一九三五年、『預言者ムハンマドの生涯』、そして一九三七年、『第一代正統ハリーファ・アブー・バクル・アッスィッディーク』を発表し、一躍時代の寵児となったのであった。

こうした中で出されたのが、一九三六年の巡礼記であった。そのタイトルは『啓示の降りた場所にて』と称され、七〇〇ページを超える大部のものであった。

その二年前には、時あたかも「ザムザム」という名水の名前を採った船が、紅海を行く巡礼船として就航することになった。いやが上にも、エジプト全体の関心が、イスラームに傾斜して行く象徴のようなものであった。

イ　カアバ聖殿の記述

この巡礼記においてはまず、長年にわたり煮詰められてきた巡礼への思慕が、巡礼への決意というかたちで細かく描かれ、そして漸くその途次についた後の経過も丁寧に記述されている。そうしてマッカに入り、時をおかずして目に飛び込んできたカアバ聖殿への初見参の衝撃に関しては、次のようにさすが一流作家らしく印象的かつ鮮烈なタッチで記されている。

「マスジドの扉と天井のある所を抜けると、すぐそこの真ん中に、カアバは突然現れた。その壁は金の刺繍がしてある黒い着物（キスワ）で覆われていた。それは誰も私に言う前に、突然現れたのだ。そしてそれは以前から知っていて、何回もその周りを回礼したかのように、現れたのだった。しかし私が以前から知っていたことと言えば、子供の頃にカイロでお城から判事の家までキスワが運ばれた折に、それに付いて行ったことがあるくらいのことだ。それは何年間か続いて、市内のフサイン・モスクを横目に見て通った。私はこの宗教的な派手だが恐ろしい感じの光景の後をつけて歩く群集に混じって進んでいた。

（聖マスジドの）真ん中で突然現れたカアバ。それに私の目は張り付けになり、そこへ私の心は飛んで行き、そこから私の気持ちの去りどころがなくなっていた。そこから私は一つの衝撃を得ていたのだ。それは私の全存在を満たし、私の両足をそれに引き付け、私の全てを畏怖と慄きに変えていたのだ。

……聖殿に近づこうとしているのにかかわらず、案内人は私に、聖マスジドの歴史、その門、預言者以来追加された個所などについて話そうとしている。こんな時に案内人の話なぞ、聞いていられない。この家は私の魂を捉え、そこへ急ぎ、そして回礼しつつアッラーの御名を唱えるようにと、引き付けたのだから。[5]」

トンネルを抜けるとそこは雪国であった……、という川端康成の小説の冒頭にも似た印象で、ハイカルは物語っている。しかし本当に双方に共通している点は、強い思慕の気持ちが誘引となって、この意表を突く突然性をもたらし、それが衝撃にもなっているというところではないだろうか。

さらに彼は、日を変えて、金曜日の礼拝の後に聖殿の扉が開かれるというので、その機会を待った。その日はついにやってきて、鍵係人（サーディン）に誘われるままに入殿することとなった。

「畏怖と崇敬の心に満たされて、私は前に進んだ。マッカが征圧されて預言者が偶像を駆逐して以来、その中には何もないことは、私は読んで知っていた。またその日までに、私はエジプトで何千年の歴史を持つ神殿などに行ったことはあった。あるいはヨーロッパでも、博物館や教会を訪れたことはあった。そしてそれらの時にも、畏怖と崇敬の気持ちを持ったものであった。しかしこうしてカアバに入るときの心境は、以前とは違うものがある。それは強く深く、心全体を奪う。霊性の最も奥深くから出てきているのだ。私の全存在を包み込み、階段へ歩む足をふらつかせた。目といえば、扉を見上げることもできない。アッラーの家に登ろうというこの私を、どうして畏怖と崇敬が捕らえないでおこうか。アッラーこそは、天地の大なるもの凡てよりも、さらに偉大であることを、私は信じて疑わないものである。[6]」

この感動の瞬間を、文豪の筆を借りつつ、ほとんど完全に追体験できそうだ。

ただし、このような後からハイカルは聖殿内部の描写に筆を移すが、その歴史的な部分の記述に関しては、本書ですっかりおなじみとなった、バーサラーマの著作『偉大なカアバの歴史─建物、キスワ、守護職』を持ち出しており、くり返しとなるのでこれ以上の引用は避けることとする。[7]

（4）アフマド・アミーン

以上においては、すべてカアバ聖殿に出会った時の感動とその衝撃を伝える部分に集中してきた。しかしここでは、少し方向の異なるアプローチを見ることにする。

ア　その旅と記録

ムハンマド・フサイン・ハイカルとほぼ同時代の人で、もう一人エジプトの文豪に登場してもらう。それは『イスラームの暁』（一九二八年）、『イスラームの午前』（一九三三─一九三六年）、『イスラームの正午』（一九四五─一九五五年）、『イスラームの一日』（一九五二年）など一連のイスラーム史をものした、歴史学者・文明評論家のアフマド・アミーン（一八八六─一九五四年）である。

当初の『イスラームの暁』の一書は、イスラームの黎明期を当時のペルシアやインドなどの文化的影響も考慮に入れつつ、イスラームの生誕を分析、提示するという、新たな視点を提供して賛否両論を沸かせたものであった。

さらに彼は、広くアラブ・イスラームと現代世界との文化的関係に関する論考、あるいはイスラームと科学の関係に関する考察などを発表し、それは全一〇巻に及ぶ形でまとめられた。この『溢れる随想』（一九三八－一九五六年）に収められた数百に及ぶ論評は、現代エジプトの進むべき方向について、深い学識と鋭い洞察に満ちた見解に満ちており、ラジオ放送などを通じて大衆に訴えるものでもあった。

一九三七年、初めての巡礼に向かったアミーンの様子は、その自叙伝『私の人生（ハヤーティー）』（一九五〇年）に描かれている。しかしカアバ聖殿などに対面した時の感激は、多くの例とは異なって、直接描写の対象にはなっていない。彼はそのような感激ゆえに、諸施設改善などについての良識ある意見を看過し埋没させてはならないと警告を発するのであった。

イ　その問題提起

彼はその自叙伝の中で、巡礼などで聖地を訪れる人たちは、どれほど諸問題があっても宗教的敬虔さのために、事後何の問題点も指摘せずに、ただ有難い、有難いとしか言わないものだ、としている。この指摘は、聖地やカアバ聖殿に対して多くのムスリムが持っている畏敬の念を、逆に裏書きしていると言えよう。そしてこのような裏からの立証として、アミーンの自叙伝の関連部分を見ておきたい。

「一九三七年、ヒジャーズ地方へ巡礼のため、エジプト大学の一行と共に旅行した。巡礼の模様については、多く書かれているので、ここでは長くは述べない。但し一点記しておきたいことがある。

通常巡礼する者は、宗教的感情に溺れる余り、その途中で会う諸々の困難や辛苦は印象に残らず、未組織で混雑したことなども忘れてしまう。あるいは感じてはいても、宗教的な畏怖の気持から、善い事しか口にしなくなる。私も巡礼の時、宗教的感情に溺れ、興奮し、涙を流したこともある。特にカアバを見た時や、その周りを回礼した時、アラファート山に立った時、何千人もの巡礼者が簡単な白衣をまとい、現世とその恵みを離脱し虚飾を捨てた如くなり、心はアッラーに向い、罪の赦しを請い、従順さと敬虔さに満ちた新しい生活を実現することを助けてくれるよう祈っている光景、それからメディナで預言者の墓に詣で、聖廟を訪れ、歴史に思いを馳せ、由緒ある場所とその偉大さを考えた時等々。これらは実に感動的な場面であった。

しかし私の理性は、困難さとその原因を見て、巡礼の運営振りの良い点、悪い点を観察し、日記に付けるまでに、十分開かれていた。

「イスラム世界の協力を得て、ヒジャーズ庁が、これらの恥部を直し、宗教儀礼とアッラーとの交わりに没頭するという巡礼の目的から人々を時として遠ざけてしまうような苦痛から、巡礼者を解放することも出来よう。

見たものを検討し、改善策を考え、解決策を具申するのは、専門家の義務であり、沈黙を守るべきでない。こう考え、私が見た巡礼方法の病気とその治療法を報告に纏めた。しかしヒジャーズ庁が、巡礼者の生命と資財の安全策を取っていることも忘れずに触れた。」[8]

このような動きに対して、当時エジプト財界のトップであったタルアト・ハルブ（一八六七－一九四一年）らは、鋭い問題を提起することは、それを聞いて巡礼を止める人が出るかもしれないし、あるいは責任部署のヒジャーズ庁を悪く言うことになるかもしれないとして、正面から反対意見をぶつけてきた。しかしそれにもかかわらず、アフマド・アミーンは信ずるところに従って、その巡礼改善策をエジプト外務省と大学に提出し、その要点については放送もした。そして結局、サウジアラビアの公的機関であるヒジャーズ庁に対しては、タルアト・ハルブが送達し、できるかぎりその理解を得るように努めるとともに、改善に向けてエジプト政府とも話し合うことになったのであった。

このようなエジプト国内やヒジャーズ庁とのやり取りの結果がどうなったかは、当面本書の課題ではない。要するにカアバ聖殿やアラファートの丘ほかの宗教儀礼の敬虔な場所を回る巡礼の行程について注文を付けることの是非をめぐって、正面切っての論争が行われるほどに、宗教的畏怖の感情が支配していたということは明らかになったかと思う。

（5） ウマル・ウバイド・ハスナ

最後に今日現在、シリアを拠点に新聞、出版界でイスラーム関係の論客として活躍しているウマル・ウバイド・ハスナ（一九三五年生まれ、現在カタル国イスラーム研究所所長）の論調を見ておきたい。そこには、カアバ聖殿への気持ちが、それを実際に見た瞬間や、あるいは一時的瞬発的なものではなく、より恒常的で継続的なものであるという見地が打ち出されている。

「ムスリムの生活全体が、古き家と関連している。朝はそれに向かうことから始まり、日の終わりも夜の始まりも、それに向かうことから始まる。一日五回の礼拝でそこへ向かい、そしてそこから出てきたアッラーの唯一性とその影響の意味をいつも蘇らせるのである。そして人々にとって最善の共同体が発足したのはこの家の場所であり、それは常に可能性と能力を保持し、条件が整えば全世界に福利を齎す共同体を再現することができることを信じてやまないのである。実に社会の復興は、当初誕生した時の条件と環境を実現できるかどうかに掛かっているのである。」

まだまだ彼の議論の初めにすぎないが、初心忘るべからずという視点から、カアバ聖殿はムスリムの言動全体の中核なのであり、それをはっきり認識しつつ日々生活すべきであると強調している。さらに言う。

「ムスリムと古い家との関係は継続的である。その関係には、アッラー以外に服従することからの自由と解放も含まれる。またこの家が預言者の父（イブラーヒーム）によって建設された時に依拠していた唯一性の根本と結びついているという関係も含まれる。さらにはその家から不信者と多神教徒を追いやって、解放に関する最後の預言者（ムハンマド）の使命を遂行したことも、この関係に含まれる。その解放は、回礼する人、礼拝する人、お辞儀する人、跪《ひざまず》く人に対して、達成されたものであった。[9]」

イブラーヒームとムハンマドの教えを信奉し、それと直結しているムスリムにとっては、カアバ聖殿とは常に継続的な関係にあることを確認しているのである。

カアバ聖殿はムスリムの畏怖と崇敬の的であり、日々の常なる方向（キブラ）であることは十分明らかになったかと思う。

それは、時空を越えて、ムスリムの心の中心にある。

注

(1) アブドゥルアジーズ・ブン・ラーシッド・アッスナイディー『巡礼関係総目録』リヤード、二〇〇二年、三九ー一四一ページ。

(2) イブン・ジュバイル『旅行記』藤本勝次・池田修訳、関西大学出版会、一九九二年。以下の引用個所は五四、五八、七三ー七四ページ。引用文中、「神」はアッラーに、「神殿」は聖殿に、「旋回」は回礼に置き換えた。以下の引用においても同様。『イブン・ジュバイルの旅行記』講談社学術文庫、二〇〇九年。

(3) 同掲書、六六ページ。

(4) イブン・バットゥータ、前掲書『三大陸周遊記』六一ー六五ページ。

(5) ムハンマド・フサイン・ハイカル『啓示の降りた場所にて』カイロ、一九三六年、七九ページ。

(6) 同掲書、一九九ページ。

(7) 同掲書、二〇三、二〇六ー二〇七ページ。

(8) アフマド・アミーン、拙訳『アフマド・アミーン自伝』第三書館、一九九〇年、二〇四ー二〇五ページ。

(9) ウマル・ウバイド・ハスナ『アッシャルク紙』一九九三年五月十一日、十八日、記事「そこには明澄な印がある」。

参考1　預言者の系譜

1　系　譜

カアバ聖殿史を振り返ってみると預言者の名前が少なからず出てきたので、カアバ聖殿建造に関係していた預言者の系譜を参考までにまとめておく[1]。

アーダム（アダム）は泥土から創られたが、その名前は地表を意味する「アディーム・アルアルド」が語源である。ハウワー（イヴ）はアーダムの左の肋骨から創られ、生きているものという意味の「ハイ」が語源となっている。

天の楽園で彼ら二人が近づいてはならないとされた木の種類は、ユーカリ、甘松、イチジク、ナツメヤシ、ブドウなどの諸説がある（注：リンゴは入っていない）。

マッカの新築の「家」の周りをアーダムは回礼をしていて天使たちとめぐり合った。ただしこの邂逅の場所は、マッカ郊外のアルマアズマインであったとする古来の説もある。その後、アーダムはアラファートで人々の巡礼を見て自分も巡礼し、またカアバに戻って回礼を済ませてから、インドへ戻った。

七二七歳でハウワーが亡くなってから、二年後（四月二十日金曜日との説あり）にアーダムは死去した。埋葬された場所は諸説あり、エルサレム、アブー・クバイス山、ダマスカス、ミナーのマスジド・アルハイフ、あるいはカアバ聖殿のイスマーイールの囲い所など（注：ちなみにハウワーの墓も、イスマーイールの囲い所、ミナー、ジェッダなどの諸説があり、ジェッダには実際に大きな墓石がある）。

預言者ヌーフ（ノア）は初めての使徒であり預言者であった。アーダムの死後八〇〇年後（別に一六五六年後の説もあり）に生まれた。六〇〇歳の時二度の洪水に会う。その後、三五〇年生きた。四〇日間雨が続き、船には四〇日あるいは一年間、あるいは四〇年間乗っていた。船はレバノンの木で作り、錨を降ろしたのはアラビア半島北のアンナージルであった（注：ただし水が引いたので地表に着いたのは、イラクのチグリス川の畔、今のモースル近くとされる）。最初に乗せたのは蟻で最後に乗せたのはロバ、そして人は七〇あるいは八〇名だった。アーダムの遺体も乗せた。洪水の後、六七〇年後（別に一三一年の説もあり）に七二の言語が生まれた（他方、別にアーダムは七〇万の言語をものしたという説もある）。

ヌーフの三人息子の一人、サームの子孫がアラブだが、アラビア語を話した初めての人は、アルファハシャッドという人であったという説や、多くは初の話者は預言者イブラーヒーム、書き手はその息子で預言者のイスマーイールとする（他方すべてイスマーイールだとする説もあり、またその息子のサービット「あるいはナービット」とカイダールがアラビア語を本当に駆使したとも言われる）。

言語が始まってから預言者イブラーヒームが生まれるまで四一一年（注：ただしこれとは別の説に、四一一年ではなく一六一年の説もある）経過し、イブラーヒームは二〇〇歳（あるいは一九五歳）まで生きた。また、イブラーヒームが生まれてから四二五年後に預言者ムーサー（モーゼ）が生まれた。

ムーサーの没年はアーダム降誕以降、三八六八年後とされる（注：したがってムーサーは一二三三歳まで生きたことになる。三八六八－七二九〔アーダムの生涯＝七二七＋二〕－八〇〇〔ヌーフの誕生まで〕－六〇〇〔洪水まで〕－六七〇〔言語の誕生まで〕－四一一〔イブラーヒーム生誕まで〕－四二五〔ムーサー生誕まで〕＝二三三）。

また別の論拠によると、ムーサーの死後一七一七年後に預言者イーサーが誕生したとされる。ムーサーとイーサー（イエス）はカアバ聖殿での礼拝を上げることができたと言われる。

2　数字のまとめ

（1）　預言者の寿命

以上に出て来た数字を著者なりに整理してまとめると、次のようになる。

アーダムは七二九年間生きた。その八〇〇年後ヌーフが現れ、彼は九五〇歳（洪水まで六〇〇年、その後三五〇年）生きた。その七三一年後（言語が生まれてから四一一年＋ヌーフ没後言語誕生まで三二〇年間）にイブラーヒームが生まれた。ついでイブラーヒームは生誕後二〇〇年間生きて、彼の生誕から四二五年後にムーサーが生まれ二三三歳まで生きた。

また別の説によると、ムーサーが亡くなって一七一七年後にイーサーが生まれた。彼の没後、五八七年目にムハンマドが生まれた（西暦五七〇年を生年としてその年数を太陰暦計算した期間が五八七年間）。

したがっておおよその流れとしては、アーダム、ヌーフ、イブラーヒーム、ムーサー、イーサー、そしてムハンマドと、約一〇〇〇年ごとにカアバ聖殿に関係する著名な預言者たちが出現したという構図が描かれる。

以上の計算に従ってイブラーヒーム生誕からムハンマド生誕までを勘定すると、二九六二年（イブラーヒームの生誕からムーサーの生誕まで四二五年＋ムーサーの生涯二三三年＋ムーサーの没後イーサーの生誕まで一七一七年＋ムハンマドの生誕五八七年）が経過していることとなる。これは両者の巡礼の間には約三〇〇〇年の時間が経ったとするイブン・アッディヤーィの説（本書本文「2　カアバ聖殿史（5）預言者イブラーヒームとその子孫　イ（エ）」）とほぼ一致している。

（2）　天地創造のあった年

天地創造から起算して預言者ムハンマド生誕までの時間は、以下の計算式からして六一七二年間ということになる。

七二九（アーダムの生涯）＋八〇〇（ヌーフの生誕まで）＋六〇〇（洪水まで）＋六七〇（言語の誕生まで）＋四一一（イブラーヒームの生誕まで）＋四二五（ムーサーの生誕まで）＋二三三（ムーサーの生涯）＋一七一七（イーサーの生誕まで）＋五八七（ムハンマドの生誕まで）＝六一七二、これは太陰暦ベースだから、太陽暦でいうと五九八七年間という計算になる。

これで計算上、ムハンマドの生誕年五七〇を差し引いて、天地創造は紀元元年を遡ること五四一七年、つまり紀元前五五世紀頃ということになる。これはさほど太古の時代でもなかったという印象を受けるのは、著者一人であろうか。

他方アッラーの一日は、人間の計算する一〇〇〇年（アッサジダ章三二・五）、あるいは五万年（階段章七〇・四）に相当するということであるので、いずれにしても上の計算は試算以上のものではないということになる。

そして以上の最大値（五四〇〇年×五万年＝二億七千万年）を求めても、最近の天文学で地球の誕生はほぼ四七億年前とされるのとは、もちろん異なっている。

注（1）　イブン・アッディヤーイ、前掲書、四〇－四九ページ。

参考2　カアバ聖殿と預言者ムハンマドの礼拝

本文中において預言者ムハンマドと聖殿の関係について、イスラーム以前の事柄として、クライシュ族による再建作業中に誰が黒石を安置するかでもめた時、彼が知恵を働かせて関係者全員の平等な参加を図ることにより円満解決したという事例を述べた。しかし当然ながらこれ以外にも、預言者ムハンマドと聖殿の関係で、イスラームにとって重要な慣行、伝承、逸話などが、種々集中的に伝えられているのである。

以下ではこの蓄積の一端として、預言者が聖殿内に入って礼拝をしたことについてまとめる。[1] この一点だけをめぐっても、相当の議論を呼んできたことが手に取るように偲ばれる。ただしこの問題は、本来は預言者伝の脈絡の中で正面から扱われる課題であるが、カアバ聖殿史でもその重要性に鑑みて、必ず言及される論点である。

1　聖殿内の礼拝をめぐる二説

預言者ムハンマドはマッカ征圧の日に、カアバ聖殿の中に入った。その際に一緒に中に入った人たちは、篤信者のビラール・ブン・アビー・リバーヒ・アルハバシー、ウサーマ・ブン・ザイドと聖殿の鍵係であったウスマーン・ブン・タルハであった。しかし預言者の礼拝に関する証言は分かれている。

一つはビラールの証言で、次のとおりである。

「彼は正面奥の壁から二ないし三ズィラーウのところまで進み、二列ある列柱の前の方の柱の間のところで二ラクアの礼拝（注：二回の屈折立礼が入る、礼拝の一単位）をした。」

これには複数の証言があり、伝承者の連鎖も確実なものである。そしてその後は一般礼拝者に対しては、三ズィラーウ以内で礼拝すると預言者の足や顔が触れた地点に達するので、それ以上の距離を壁との間に取るように言われる所以にもなった。

もう一つはウサーマ・ブン・ザイドやアルファドル・ブン・アッバースの証言で、確実性がより少ないとされるものは、次のとおりである。

「彼は聖殿内に入ってから、アッラーを称賛し（タスビーフ）、偉大であると唱え（タクビール）、祈り（ドゥアー）を上げたが、屈折立礼を含む礼拝をしたのは聖殿の外のイブラーヒームの立処の後ろであった。」あるいは異説としては、「礼拝をしたのは、聖殿の外の扉のところであった。」というのもある。

2　両説の関係と合体

ムヒー・アッディーン・アンナワウィー（ヒジュラ暦六七六年没）は『ムスリムの真正伝承解説』で、次のように述べている。

「ビラールの説を多くの伝承学者が取っているのは、それは礼拝したことを肯定しているから否定形よりも優先され、またそうすることにより知識が一つ増えることになるからである。ウサーマの説は否定しているのである。また聖殿に入るや否や扉が閉められたのは、それで祈りが始まったのだ。そしてウサーマは預言者から離れたところで、ムハンマドが祈っているのを見て、次いで自分も祈りに気を奪われていたのであろう。また預言者が礼拝したといっても軽い礼拝であり、それはビラールにより近いところであったのだろう。」

別の考えとしては、ウサーマは水を取りに外に出たのですべては見ていなかったとする（イブン・アルムンズィル）。あるいは、預言者はマッカ征圧の日には聖殿内で礼拝したが、「別離の巡礼」に際して十日の屠畜の日に聖殿に入ったが礼拝しなかったので、これらの情報が混乱したのだという（アブー・ハーティム）。ウサーマは預言者と共に二日間続けて聖殿に入ったので、最初の日は礼拝せず、二日目には聖殿内で一回礼拝し、さらに外でもう一回礼拝したと伝えた（イッザ・アッディーン・ブン・ジャマーア）。

3　アルファースィー自身の考え方

どのマスジドであれ入ったときには、礼拝所への挨拶の意味で礼拝するのがムスリムである。さらに預言者は「勝利の日」にはアルマディーナへの聖遷以来、八年ぶりにカアバ聖殿に足を踏み入れたのであって、さらに聖殿内では、かなりの時間を過ごしたという。

これらを考え合わせると、マッカ征圧の日に聖殿に入って礼拝しなかったとは考えにくい。さらにはアルブハーリーとムスリム両者が伝えるところによると、預言者が聖殿に入るとすぐに扉が閉じられたというが、それは二つの英知が働いていたのである。一つはあまり人が入りすぎないようにするということ。もう一つは、扉を閉じることによって、聖殿の中ではどの方向でも礼拝ができるようにしたのである。扉が開きっぱなしであれば、後ろにスペースが余っていても、その方向へ向かって礼拝を上げることができなくなるからである。

聖殿内の偶像的な絵を消すために、預言者に言われてウサーマは外へ水を取りに出かけたというのは本当の話である以上、イブン・アルムンズィルの解釈は支持できる。他方、「別離の巡礼」の十日、屠畜の日に預言者が聖殿に入ったが礼拝はしなかったとするアブー・ハーティムは、多忙な人物で彼が伝える伝承は根拠薄弱とされ、アフマド・ブン・ハンバルによると、彼は記憶が弱くて時に嘘をついても気にしない男であった。二日間続いて預言者は聖殿に入ったとするイブン・ジャマーアの解釈も、最初の日に礼拝したかどうかという問題自体には十分正面から答えていない。なおアルファドル・ブン・アッバースの証言のポイントはウサーマとは異なって、預言者は礼拝をしなかったというのではなく、礼拝しているところは見なかったという話なのである。さらにはこのアルファドルも外に水を取りに出かけたという伝承が、アルアズラキーの歴史書に出てくるので、ウサーマと同様に預言者を見ていない時間がかなりあったと思われる。(2)

4　入殿した回数および聖遷後初めての入殿の様子

入殿した可能性として一般に四回想定される。第一はマッカ征圧の日である。これについては、ムスリム他の伝承者の伝えるところとして異論は出されない。第二はマッカ征圧の次の日で、ウサーマの証言を伝承・法学者のアフマド・ブン・ハンバルが一応伝えてはいる。第三は「別離の巡礼」の際で、これについては伝承学者のアブー・ダーウード、イブン・マージャ、アッティルミズィーなどが伝えている。最後に第四は「課題の小巡礼」（注：西暦六二九年）の際で、これについては歴史家のアルムヒッブ・アッタバリーなどが記している。

まず第一と第三は、多数の真正な預言者伝承に鑑みて、大きな問題はないだろう。[3] 第二は、ウサーマの証言として取り上げているイブン・ジャマーア以外には、それを支持する材料がない。第四についても、アッタバリー以外にそのようなことを示唆する史料はなく、疑問が持たれる。

まして「課題の小巡礼」の時には、聖殿内は偶像や絵画で一杯であったから、ムハンマドが入らなかったとしても不思議ではない。またマッカのクライシュ族と合意していた小巡礼のための約束の時間はすぐに過ぎてしまい、四日目の正午になると、預言者のアルマディーナへの出発を督促しに来る者（スハイル・ブン・アムル・ブン・フワイタッブ・ブン・アブド・アルウッザー）がいた。

ただし第一の場合でマッカ征圧の日に入殿した時点でも、まだまだ多数の絵画などがひしめいていたと複数の伝承は伝えている。

5　「別離の巡礼」の何日に入殿したか

西暦六三二年に行われた、預言者ムハンマドの最初にして最後の大巡礼である「別離の巡礼」に際しての入殿については、上記３では十日、屠畜の日となっているが、それに対する明確な異説もあるので、公正のためにそれを紹介する必要がある。その要点は以下のとおりである。[4]

「アーイシャからイブン・サアドが伝えた伝承では、預言者は嬉々として出て行ったが帰ってくると、入殿したということで悲しそうな表情であったという。その理由は、今後人々が争って入殿する原因を作ったかと思うと、混雑を招き彼らに対して悪いことをした、と言うのであった。アーイシャは『課題の小巡礼』の時にはアルマディーナに留まっていたから、預言者の話を聞いたとするとこの伝承は、その後の大巡礼のときであり、しかもその脈絡からして、九日、アラファートへ赴く前であったと見られる。」

ここでアッタールが「脈絡」としているのは、何を指しているかはっきりしない。彼は十日、屠畜の日でなかったかどうかはまったく検討しないで、アラファート行きの前であったと見なしているのである。自説を唱える勇気は評価されても、議論としては全く不十分との批判は免れまい。

ただしアッタールの説を肯定する方向で見れば、著者（水谷）が巡礼の流れから推理するに、彼の言う「脈絡」としては、次の二つのケースが想定できなくもない。

一つは、預言者の入殿が十日であれば、それ以降に巡礼者がカアバ聖殿に戻ってくるのは大挙の回礼のためであるが、この回礼は十日以後十三日まで（マーリキー学派だと巡礼月末まで）行われる可能性があるので、預言者当時としてはそれほどの混雑を懸念する必要がなかったのかもしれない。したがって預言者に影響された人々の混雑を心配するとすれば、九日、アラファートへ赴く前であろうということになる。

二つ目の想定される「脈絡」は、十日の日、妻アーイシャは小巡礼に入る準備をしていたということである。当初体調不良のためいったん解禁して大巡礼を中断していたが、預言者の指導によりマッカ北方一〇キロにあるタンイームまで戻って再び禁忌遵守（イフラーム）の状態に入り、小巡礼を敢行する態勢に入っていたのであった。したがって預言者がアーイシャに対して、十日、入殿したので人々の混雑を起こしそうだと言ったというような話をしている暇がおそらくなかったと考える場合である。

いずれにしてもアッタール自身からは、どのような「脈絡」を描いているのかについて、何も説明されていないことには変わりない。

注

(1) 個別の断りないかぎりは、アルファースィー、前掲書、一八八－二一一ページ。

(2) アルアズラキー、前掲書、第一巻、一六五ページ。

(3) ただしイブン・タイミーヤとその弟子イブン・アルカイイム・アルジャウズィーヤは、第一のケースしか認めていない。イブン・タイミーヤ（ヒジュラ暦七二七年没）『アルファターワー全集』マッカ、出版年不明、第二六巻、一四四－一四五ページ。イブン・アルカイイム・アルジャウズィーヤ（ヒジュラ暦七五一年没）『帰依する者の良い導きのためのマッカの糧』ベイルート、ヒジュラ暦一三九九年、第一巻、二四〇ページ。アーイシャはマッカ征圧の日には、預言者と一緒ではなかったのに、アーイシャからの伝承があるとする、次の第五節のイブン・サアドの伝承は、偽作であると断定している。

(4) アフマド・アブド・アルガッファール・アッタール『預言者の巡礼』ダマスカス、西暦一九七六年、三四〇－三四二ページ。この著作はサウジアラビア巡礼・ワクフ省の出版物。

参考3　カアバ聖殿をめぐる逸話

カアバ聖殿をめぐる逸話をいくつか取り上げておきたい。聖殿の持つ歴史的な重みと深さを自然と了解するのに、最善の方法の一つと思われる。

1　まず以下に見るのはアルファースィー（ヒジュラ暦七七五－八三二年）当時のものである。[1]

（1）カアバ聖殿は磐石ではなかった

建築物としては、それほど頑強にできていないのに、これほど長年持っていること自体、アッラーの思し召しである。

八世紀間も持っているが、常の風と雨が一番の敵だ。とくにイエメン角の痛みは激しい。五一五年には地震があった。四一七年にもほとんどばらばらになりそうな状況があった。四三三年には、やはりイエメン角から割れ目が落ちた。しかし人々はそれについて直ちに修理しなかったので、アッラーの罰として町中に病人や死人が出た。

（2）鳥も知っている

鳥が飛んできてもちゃんと知っていて、カアバ聖殿には止まらない。止まるとすればそれは病気をしている鳥に限る。そうしてそこで病気を治してもらおうとするのだ。あるいはそこに止まるや否や、命尽きる鳥もいる。普通は、鳥たちは聖マスジドのほかの壁やザムザム水のドームの上に止まる。

（3）雨の方向

雨がシリア角に降ればシリアは豊作だし、イエメン角で降ればイエメンは豊作になる。また全方向で降れば、諸国全般に豊作だ。あるいはこれと同じだが、シリア角の方向の門、そしてイエメン角の方向の門で降れば、という言い方もある。

（4）子供が話し始める

子供が話し始めるのが遅ければ、聖殿の鍵を口に入れるとそれが直るという。そこで親は問題があれば子供を連れてきて、鍵係にお願いすることになる。鍵係は子供を倉庫に入れて目隠ししてから、鍵を口に差し入れるのである。これはマッカの人たちの慣習になっている。

（5）押し寄せる巡礼者

いつも大勢の人たちが回礼（タワーフ）している。そして五八一年には、あまりに多くの人たちが聖殿の中へ押しかけたので、一度に三一人が押しつぶされて亡くなった事件もあった。またいつも回礼者は途絶えることがないのが普通だが、イブン・アッズバイルがアルハッジャージュの軍に敗北し戦死することとなった日だけは、あまりに激しい戦いで、回礼していたのはラクダだけという有様だった。

（6）聖殿の煙

聖殿から煙が出ているのが見えたが、それは天空へ向かって、本当に一直線に上って行っていた。前後左右にぜんぜん曲がっていないのである。

しかしこの「煙」というのは、本当は信者の畏怖の念を指していると解する向きもある。あるいは別の解釈に、強力な部族から守ること、あるいは聖殿に彼らを額衝かせること、あるいは復讐すべき人たちに正当な罰を与えることなどを指すとの考え方もある。

2　逸脱（ビドア）と間違い

（1）逸脱（ビドア）

既にイマームの反対によりヒジュラ暦七〇一年以降は行われていないので逸話の部類となったが、それまでしきりに見られた逸脱（ビドア）に次のようなものがある。

一つは「固い絆（アルウルワ・アルウスカー）」と呼ばれるもので、扉と反対側の西側の壁の上の方に手を伸ばして壁に触ることである。このためには男女が一緒になって肩車をするようなことまで見られた。こうしてアッラーの恵みがあると信じられたのであった。

もう一つは、「世界の臍（スッラ・アッドゥンヤー）」と呼ばれるもので、これは聖殿の真ん中の床の釘に自分の腹を付けるというものである。それで自らを世界の中心と直接に結びつけることができると信じられた。[2]

（2）間違い

西暦二一世紀の今日まで多くの人が間違って行う行為に次のようなものがある。それはイブラーヒームの立処やイスマーイールの囲い所や聖殿扉の幕に身をこすり付けることだが、それは預言者の慣行ではない。

あるいは、混雑してくると聖殿の回礼（タワーフ）に際して、イスマーイールの囲い所の東側から入って西側に抜ける人がいる。これは聖殿の内部と見なされるので、回礼は聖殿の外で行うべしとする決まりに反していることになる。

またイエメン角でも黒石にするように接吻する（タクビール）人がいるが、それは間違いで、イエメン角では両手で受ける（イスティラーム）か、あるいは混雑していて近づけない時は離れていても良いので、手を差し伸べるだけである。[3]

注

（1）アルファースィー、前掲書、二四七－二五四ページ、より選択。

（2）アルハサン・アッディヤール・バクリー（ヒジュラ暦九九六年没）、前掲書『偉大なカアバ聖殿の寸尺と聖マスジドの面積』七－八ページ。アルファースィー、前掲書、第一巻、一四八－一四九ページ。

（3）アブドゥッラー・ブン・ムハンマド・アフマド・アッタイヤール『巡礼』リヤード、ヒジュラ暦一四一四年、西暦一九九三年、一三六－一三七ページ。

参考4　マッカの呼称一覧

（著者名、書名について一覧表では日本語で表記したが、注はアラビア語のまま記した）

典拠：タキー・アッディーン・アルファースィー（ヒジュラ暦832年没）『聖地情報の飢えを癒すこと』ベイルート、西暦2000年、全2巻、第1巻、65－72ページ。

	呼称	亜語	語義	著者名	出典など
1	アッサイル	السيل	流れ	ヤークート	『諸国集成』[1]
2	アッサラーム	السلام	平安	イブン・アディース	『光輝』[2]
3	アルアズラーゥ	العذراء	黄道帯	同上	同上
4	アッラアス	الرأس	頭	アンナワウィー他	『氏名と言語の集成』[3]
5	アルアリーシュ	العريش	小屋	同上	同上
6	アッリタージュ	الرتاج	門	ヤークート他	前掲書
7	アルアルシュ	العرش	玉座	同上	同上
8	アルアルーシュ	العروش	玉座	同上	同上
9	アンナーッサ	الناسة	追放	マジド・アッディーン・アッシーラーズィー他	『表現修辞法』[4]
10	アンナッサーサ	النسّاسة	同上	イブン・アディース	前掲書
11	アンナーッシャ	الناشة	同上	アッシーラーズィー	前掲書
12	アンナジュズ	النجز	達成	イブン・アディース	前掲書

	呼称	亜語	語義	著者名	出典など
13	アンナービヤ	النابية	遠さ	イブン・カスィール他	『クルアーン解説』(5)
14	アルウルシュ	العرش	小屋	ヤークート	前掲書
15	アルウルード	العروض	広さ	同上	同上
16	ウンム・アッルフム	أم الرُحم	慈悲の母	アッシーラーズィー	前掲書
17	ウンム・アッラハマーン	أم الرحمن	最大の慈悲の母	アブド・アルマリク・アルマルジャーニー	『預言者の家の歴史的秘密の喜び』(6)
18	ウンム・アルクラー	أم القرى	諸都市の母	クルアーン	家畜章６・92
19	ウンム・クースィー	أم كوثي	クースィー山の母	イブン・アルマルジャーニー	前掲書
20	ウンム・ザハム	أم زحم	混雑の母	ヤークート他	前掲書
21	ウンム・スブフ	أم صبح	朝の母	同上	同上
22	ウンム・ラウフ	أم رَوْح	新鮮さの母	イブン・アルアスィール他	『飾り』(7)
23	ウンム・ラーヒム	أم راحم	慈悲の母	ヤークート	前掲書
24	ウンム・ルフム	أم رحم	慈悲の母	ヤークート他	前掲書
25	アルカーディサ	القادسة	聖的	イブン・ジャマーア	『四法学派への導き』(8)
26	アルカーディス	القادس	聖的	イブン・アディース	前掲書
27	アルカーディスィーヤ	القادسية	聖性	アルファースィー	『聖地情報の飢えを癒すこと』
28	アルカルヤ	القرية	村・都市	クルアーン	蜜蜂章16・112

	呼称	亜語	語義	著者名	出典など
29	カルヤ・アルホムス	قرية الحمس	ホムスの村	イブン・アディース（ホムスはマッカの古い部族）	前掲書
30	カルヤ・アンナムル	قرية النمل	蟻の村	同上（ザムザム水の標識の一つ）	前掲書
31	クースィー	كوثي	ミナーの山	同上他	前掲書
32	クラーウ・アンナムル	كراع النمل	蟻の足	アッシーラーズィー	前掲書
33	サッブーハ	سبّذوحة	称賛	イブン・アディース	前掲書
34	サラーヒィン	صلاحٍ	安全	ムスアブ・アッズバイリーのアルマーワルディー『統治の書』解説[9]	
35	サラーフ	صلاحٌ	安全	イブン・アディース	前掲書
36	タイイバ	طيبة	薫香	同上	同上
37	ナクラ・アルグラーブ	نقرة الغراب	珍奇の印	同上（ザムザム水の標識の一つ）	同上
38	ナーディラ	نادرة	珍しくて貴重な	同上	同上
39	アルバイト・アルアティーク	البيت العتيق	太古館、（強者から）解放された家	アルアズラキー（カアバと混同か？）	『マッカ情報とその事跡』[10]
40	バッカ	بكة	叩く、絞める	クルアーン	イムラーン家章3・96

	呼称	亜語	語義	著者名	出典など
41	アルバーッサ	الباسة	潰される	イブン・アディース	前掲書
42	アルバッサーサ	البساسة	破壊	同上	同上
43	アルハーティマ	الحاطمة	破壊	同上他	同上
44	バッラ	بره	意味不詳	スライマーン・ブン・ハリール	『教則』[11]
45	アルバラド	البلد	町	クルアーン	町章90・1
46	バラド・アッラー	بلد الله	アッラーの町	ヤークート	前掲書
47	アルバラド・アルアミーン	البلد الأمين	安全な町	クルアーン	無花果章95・3
48	アルバラド・アルハラーム	البلد الحرام	禁忌の町	ヤークート	前掲書
49	アルハラム	الحرم	禁忌の地	イブン・アディース	前掲書
50	ハラム・アッラー	حرم الله	アッラーの禁忌地	ヤークート	前掲書
51	アルバルダ	البلدة	一つの町	クルアーン（ミナーと解する説もある）	蟻章27・91
52	アルビンヤ	البنية	建造物	ヤークート（同時にカアバの名）	
53	ファールラーニ	فاران	二人の避難者	同上	前掲書
54	ブサーク	بساق	ブサークの町	イブン・ラシーク	『支柱』[12]
55	アルフルマ	الحرمة	聖地	イブン・アディース	前掲書
56	マアード	معاد	帰る場所	クルアーン	物語章28・85

	呼称	亜語	語義	著者名	出典など
57	マッカ	مكة	マッカ	クルアーン	勝利章48・24
58	アルマッカターニ	المكتان	町の高所と低所	ブルハーン・アッディーン・アルカイラーティー	彼の詩集
59	アルマスジド・アルハラーム	المسجد الحرام	聖マスジド	スライマーン・ブン・ハリール	前掲書
60	マフラジュ・スィドク	مخرج صدق	誠実さの出口	ヤークート	前掲書
61	アルムアッティシャ	المعطشة	喉の渇いたもの	スライマーン・ブン・ハリール	前掲書
62	アルムカッダサ	المقدسة	聖なるもの	イブン・アディース他	前掲書
63	アルワーディー	الوادي	峡谷	同上	同上

注（1） ياقوت الحموي(626 هـ)، معجم البلدان
（2） ابن عديس، الباهر
（3） محيي الدين النووي(ت676 هـ)، تهذيب الأسماء واللغات
（4） مجد الدين الشيرازي (ت817 هـ)،تحبير الموشين في التعبير بالسين والشين
（5） ابن كثير(ت774 هـ)، تفسير القرآن العظيم
（6） عبد الملك المرجاني(ت760 هـ)، بهجة الأسرار في تاريخ دار هجرة النبي المختار
（7） ابن الأثير(ت637 هـ)، المرصّع للآباء والأمّهات والبنين والبنات
（8） ابن جماعة (ت790 هـ)، هداية السالك إلى المذاهب الأربعة في المسالك
（9） قول مصعب الزبيري(ت236 هـ) في الماوردي، الأحكام السلطانية
（10） الأزرقي(ت205 هـ)، أخبارمكة وما جاء فيها من الآثار
（11） سليمان بن خليل العسقلاني، المنسك
（12） ابن رشيق، العمدة (ألف 426 هـ)

あとがき

イスラームの礼拝の方向であるカアバ聖殿に関して、このようにまとめることができたのは大変に有難いことである。さまざまなことが毎日生起しているこの世の中において、相当の期間この課題に集中できたことだけでも有難い。また日本語はもとより欧米の文献にもそれを本題として取り上げたものがないなか、前へ一歩進められたことも有難い。江湖への知識の提供は善行であり、喜捨（サダカ）だからである。

振り返ってみて、事実的な事柄はより専門化していけば、いずれ縦横に把握できることは視野に入っている。だがカアバ聖殿に対してムスリムが持っている畏怖と崇敬の気持ちは、それと事情が異なると言わなければならない。その理解のためには無定形で、経験的なアプローチが必要となるからである。

しかも今日の日本においては、カアバ聖殿に対して持たれているほどの畏怖と崇敬の感覚の例えに使える事象が、まったく存在しないのではないだろうか。それだけに、その描写や説明は容易ではない。この方面での本書の足りないところは、読者諸氏の慧眼と意欲に待つところ大である。

今一つ振り返ってみて気づくことは、日本語への翻訳の難しさである。ハラムを聖地と訳しても、両者の持つ文化的背景の巨大な距離は無視できないものがある。アルバイト・アルハラームは聖殿として神殿とはしなかったのも、後者の持つ日本的な神社仏閣的感覚から隔絶させる必要があるからである。また、聖殿を洗浄するという一言でさえも、下手するとお祓い感覚を喚起させるのではないかと、薄氷を踏む思いがあった。

アッラーという超絶した絶対主のみに最終的全体的な物事の決定権があるという点を揺るがせにしないで把捉しないと、彼我の差異が本当には飲み込めないだろう。本文でも突っ込んで記したが、新たな聖地を人間が定めるなどということはありえないし、カアバという礼拝所にアッラーが降臨して安住するなどという擬人的な発想があるとすれば、全くいわれなき破天荒なものなのである。

無意識のまま誤解を持たせられている事例は、イスラームをめぐってはまだまだありそうだ。ただただ、一つ一つ解明する着実な努力が積み重ねられ、俊敏な研究者たちによってその法灯が引き継がれることを心より願うものである。

なお、本書は日本サウディアラビア協会より『カアバ聖殿の歴史と事跡』として二〇〇八年に出版されたものであるが、今般「イスラーム信仰叢書4」として所要の改変を経て、改めて公刊することに快諾をいただいた。右ご協力については、深甚な謝意を表する。

またその後サウジアラビア宗教省より新たなカアバ聖殿関連の写真などを入手できたこともあり、それらも今回の改訂に反映させた。そして同協会関係者並びに本書を手にされる方々に対して、アッラーのご加護とご支援が潤沢に恵まれんことを祈念しつつ擱筆する。

Bawa, M.R., *Hajj ; The Inner Pilgrimage*, Philadelphia, 1998.

Burton, R.F., *Personal Narrative of a Pilgrimage to Al Madinah and Mecca*, London, 1893.（republished in NY., 1964）

Long, D.E., *Hajj Today ; A Survey of the Contemporary Makkah Pilgrimage*, NY., 1979.

Peters, F.E., *The Hajj, The Muslim Pilgrimage to Mecca and the Holly Places*, Princeton UP, 1994.

Wolfe, Michael, *The Hadj ; An America's Pilgrimage to Mecca*, N.Y., 1993.

do., *One Thousand Roads to Mecca, Ten Centuries of Travelers Writing about the Muslim Pilgrimage*, NY., 1997.

ムスリム新聞社、京都、2005年。

アミーン水谷周『世界のマスジド―イスラーム建築の心』アラブ イスラーム学院研究叢書5、2006年。

ムスタファー・アッスィバーイー『預言者伝』中田考訳、日本ムスリム協会、1993年。

Peters, P.E., *Mecca, A Literary History of the Muslim Holy Land*, Princeton U.P., 1994.

2　巡礼関係

イブン・ジュバイル『旅行記』藤本勝次・池田修監訳、関西大学出版部、1992年。『イブン・ジュバイルの旅行記』講談社学術文庫、2009年。

イブン・バットゥータ『三大陸周遊記』前嶋信次訳、角川文庫、1961年。中公文庫、2004年。『大旅行記』家島彦一訳注、平凡社東洋文庫、1996-2002年。全8巻。

坂本勉『イスラーム巡礼』岩波新書、2000年。

鈴木剛『マッカ巡礼記』地平社、1943年。アラビア語訳として、
تاكيشي سوزوكي، ياباني في مكة (تاكيشي سوزو كي)، الرياض، 1999م.

鈴木剛、細川将『日本回教徒のマッカ巡礼記』大日社、1938年。

鈴木剛、細川将、榎本桃太郎「マッカ大祭記」、1937年8月発行『回教世界と日本』（若林半編）所収。

田中逸平『白雲遊記』歴下書院、1925年（復刻版、論創社、2004年）。『田中逸平』拓殖大学創立百年記念出版、2002年、全5巻中第1巻『白雲遊記』所収。

野町和嘉『マッカ巡礼』集英社、1997年。

前嶋信次編『マッカ』芙蓉書房、1975年。

水谷周『イスラーム巡礼のすべて』イスラーム信仰叢書1、国書刊行会、2010年。

水谷周『イスラームの天国』イスラーム信仰叢書2、国書刊行会、2010年。

森伸生「変わりゆくメッカ巡礼」、『季刊アラブ』2006年冬号（119番）14-16ページ。

山岡光太郎『世界の神秘境　アラビア縦断記』東亜堂書房、1912年（復刻版、青史社、1988年）。

も貴重だ。すべてアラビア語（簡略な英語スーパー付）だが、コメンテイターは学識経験者（ナースィル・ハーリスィー・ウンム・アルクラー大学教授、ムハンマド・アブー・ライラ・アズハル大学教授、アブドゥッラー・ヤマニー元サウジ情報大臣、歴史家〔サウジ〕アーティフ・ビラーディー、イスラーム思想家〔エジプト〕アブドゥルクブール・シャーヒーンなど）や現場の作業監督や直接担当者を含めた研究者陣で構成されており、それぞれその道に熟達した人が選ばれている。したがって大学の専門課程の授業にも十分活用できる内容になっている。

最後に、「二聖地博物館」がマッカにあり訪れてみたが、まだ収蔵品数も限られ、解説は不備でカタログもない。しかしこの分野唯一の博物館であるので、今後の充実が望まれる。

同博物館で年代的に一番古いと見られたのは、イブン・アッズバイル時代のカアバ聖殿の支柱であるが、これは近代まで継続使用されていたので残ったものである。まだまだカアバの管理職、シャイバ家などにも貴重な品が残されているのであろうが、充実化の過程で徐々に整理、展示が進められれば、まさしくイスラーム文化首都の実力を発揮することになる。

Ⅱ　日本語など

1　マッカ・カアバ聖殿

『日亜対訳・注解　聖クルアーン』日本ムスリム協会、改訂版初版、1982年、現在10刷、2009年。

『日訳サヒーフ ムスリム』（ムスリム伝承集）日本ムスリム協会、1987年。全3巻。

『ハディース・イスラーム伝承集成』（アルブハーリー伝承集）牧野信也訳、中央公論社、1993-94年。全3巻。中公文庫、2001年、全6巻。

小杉泰『ムハンマド　イスラームの源流をたずねて』山川出版社、2002年。

後藤明『マッカ』中公新書、1991年。

中野英二郎『アラビア紀行』明治書房、1941年。アラビア語訳として、
إيجيرو ناكانو، الرحلة اليابانية إلى الجزيرة العربية 1358هـ.1939م.، الرياض، 1416هـ.

野町和嘉『カラー版 メッカ—聖地の素顔』岩波新書、2002年。

アブー・サキーナ、前野直樹編訳『預言者ムハンマドの足跡を辿って』

な試みと言えよう。ただしその科学的評価はこれからの課題と言わねばならない。

＊ミウラージ・ブン・ヌーワーブ・ミルザー、アブドゥッラー・ブン・サーリフ・シャーウーシュ共著『誉れ高きマッカと聖なる諸儀礼所の写真集』リヤード、西暦2004年。

معراج بن نواب مرزا، عبد الله بن صالح شاووش، الأطلس المصور لمكة المكرمة والمشاعر المقدسة ، دارة الملك عبد العزيز، الرياض، 2004م.

古くよりの写真がカメラマンの洋の東西を問わず丁寧に集めてあって、興味が尽きない。四法学派の説教台があった時代の様子など、昔のことで文章だけだと実感が湧かない場合でも、視覚に訴えると一気に霞が晴れる。

＊ムハンマド・ターヒル・アルクルディー『マッカとカアバ聖殿の古来の歴史』マッカ、西暦1992年。

محمد طاهر الكردي، التاريخ القويم لمكة وبيت الله الكريم، مكة، 1412 هـ.

この著者はカアバ聖殿の絵図を描いても知られており、ヒジュラ暦1388年の改築の全行程に現場で立ち会った経験を生かして著述した。

＊ムハンマド・アルハビーブ・アルハイラ『ヒジュラ暦３世紀より13世紀までのマッカの歴史と歴史家』マッカ、西暦1994年。

محمد الحبيب الهيلة، التاريخ والمؤرخون بمكة من القرن الثالث الهجري إلى القرن الثالث عشر، مكة، 1994م.

なお現代の情報源として看過できないのは、１つはインターネットである。google から直接にアラビア語でマッカ、カアバなどを検索しても相当量出てくるし、また islamonline.com からも可能である。

もう１つの情報源は動画情報である。DVDでは、次のものが推奨できる。

＊『預言者の足跡に従って』メガ・スター・エンターテインメント、リヤード。電話463-3312、FAX 464-0181 على خطى الرسول، ميجا ستار، الرياض.

全５巻のディスクからなり、全体で約10時間の大作である。内容は幅広く、30章（ただし第22章と第27章は未収録）に分けられている。カアバ聖殿やザムザムの泉の内部など珍しい場面も少々見られ、また有名なウフドの戦いなどはモデルを使って臨場感ある画面となっている。周辺地域の多くの碑文などはなかなか自分で歩いて見られないものだ。マッカとアルマディーナのアザーン（礼拝への呼びかけ）の仕方の違いの話

が多い著者が、カアバ聖殿に特化した出版物が少ないので本書を著したとしている。今回の出版にあたり、初版以降のサウジアラビアの下でのカアバ聖殿改装に関して補足資料が付けられており、内容的には現代まで追うことができる。

＊アリー・フスニー・アルハルブトリー『カアバの歴史』ベイルート、西暦2004年。
علي حسني الخربوطلي، تاريخ الكعبة، بيروت، 2004م.

簡潔で便利な概説書だが、時代はイブン・アッズバイルまでとなっており、未完成の感あり。

＊『サウジアラビア王国総合地図』サウジアラビア高等教育省、リヤード、西暦1999年。
أطلس المملكة العربية السعودية، وزارة التعليم العالي، الرياض، 1419 هـ.

本書もサウジアラビア王国建設100周年記念事業の一環として出版されたもの。自然地理から巡礼、歴史、経済、教育、文化遺産など地誌を含む総合的な地図帳で、豊富でよく整理された情報源になっている。ただし縦49センチ、横38センチ、全287ページ、光沢紙、色刷りの特大版で重くて扱いにくい。

＊『マッカをイスラーム文化首都とする記念シンポジウム』ウンム・アルクラー大学、マッカ、全11巻。西暦2005年９月17-19日。
الندوة العلمية بمناسبة اختيار مكة المكرمة عاصمة الثقافة الإسلامية، 17-19. 9. 2005م. جامعة أم القرى، مكة المكرمة.

この中にカアバ特集は入っていないが、第４巻は巡礼特集。マッカの歴史と機能全般にわたる議論を総合的に見る手立てとなる。講演集。

＊ムハンマド・ブン・サーリム・ブン・シャディード・アルアウフィー『ファハド国王時代までにおける聖マスジド建築の発展と拡張』リヤード、西暦1998年。
محمد بن سالم بن شديد العوفي، تطور عمارة وتوسعة المسجد الحرام، جامعة الإمام محمد بن سعود الإسلامية، الرياض، 1419 هـ.

聖マスジド拡張の現代までの歴史的総まとめとして、簡潔で使いやすい。

＊サアド・アルマルサフィー『カアバは世界の中心』ベイルート、西暦1998年。
سعد المرصفي، الكعبة مركز العالم، بيروت، 1418 هـ.

まだ研究としては未熟な所は残るとしつつ、マッカ、そしてカアバは自然地理的にも世界の中心であるとの見解を一書にまとめた点は、斬新

＊アブールバカーィ・ムハンマド・ブン・アッディヤーィ（854年没）『マッカと聖マスジドおよびアルマディーナと預言者の墓の歴史』ベイルート、西暦2004年。

أبو البقاء محمد بن أحمد بن محمد ابن الضياء المكي الحنفي، تاريخ مكة المشرفة والمسجد الحرام والمدينة الشريفة والقبر الشريف، بيروت ، 2004م.

これは上の『聖地情報の飢えを癒すこと』に範を取りつつさらに簡略化されたもので、これも簡潔に諸事情が書かれているとして、爾来もてはやされてきた（校訂本で全413ページ）。この著者も文字どおりマッカ生まれのマッカ育ちで、726年には同地の公正財務官（ヒスバ）となり、また法律関係の書物や、『巷に広がる聖マスジドに関する無知による逸脱（ビドア）の追放』などを著した。

2　現代の出版物など

以上の古典的な史料でほとんどの内容は尽くされていると言える。したがって現代のものであればどれを見ても、上の古典文献に依拠して著されているのは全く同じである。ただし古典著述時点以降の事態の進展について、筆が及んでいないのは当然である。その意味で聖殿に関するテーマはこれからも恒常的に書き綴られてゆく必要があるが、その必要性はとくに顕著な改築、増築などが行われた際に大きくなる。

＊アフマド・アッスィバーイー『マッカ史—政治・学術・社会・文明研究』リヤード、西暦1999年。

أحمد السباعي ، تاريخ مكة – دراسات في السياسة والعلم والاجتماع والعمران ، الرياض ، 1419 هـ.

全２巻、793ページ。サウジアラビア王国建国までの時代を扱っている。今回の出版は王国建設100周年記念事業の一環として再版されたものである。バランスの取れた内容となっているが、政治、社会関係により傾斜して、カアバ聖殿関係などは限られる。

＊フサイン・ブン・アブドゥッラー・バーサラーマ『偉大なカアバの歴史—建物、キスワ、守護職』リヤード、西暦1999年。

حسين بن عبد الله باسلامة ، تاريخ الكعبة المعظمة – عمارتها وكسوتها وسدانتها ، الرياض ، 1419 هـ.

508ページ。本書の初版は1935年、復刻版が1982年にそれぞれ出たが、今回の出版は上の『マッカ史』同様に、サウジアラビア王国建設100周年記念事業の一環として再版されたものである。イスラーム関係の著述

قطب الدين بن محمد النهروالي، كتاب الإعلام بأعلام بيت الله الحرام، مكة المكرمة، 1416 هـ.

以上の一連の大部で錚々たる歴史書を前にして面白いことに気づかされる。それはヒジュラ暦３世紀の後は７、９、そして10世紀と続いており、そこに数世紀間空白があることだ。その理由は、初期第３世紀の歴史家、とくにアルアズラキーとアルファーキヒーの両名の残した著述があまりに内容豊かで権威高いものとなり、それに続いて改めて書こうという歴史家が現れなくなったからであった。

この流れを打ち破ったのが上記にある、９世紀のアルファースィーであった。彼はヒジュラ暦775年、マッカ生まれのマッカ育ちで、同地の裁判官を務めたが、『歴史序説』を著したイブン・ハルドゥーンや『辞書ムヒート』の著者アルフィールーザーバーディーなどから直接薫陶を受けた。とりわけ新潮流をもたらしたのは、彼が早くに出した次の著作であった。

＊タキー・アッディーン・アルファースィー（832年没）『聖地情報の飢えを癒すこと』ベイルート、西暦2000年。全２巻。

تقي الدين الفاسي المكي المالكي، شفاء الغرام بأخبار البلد الحرام، بيروت، 2000م.

これはそれまでに執筆された主だった歴史書などの著作を総覧しつつ、マッカとアルマディーナに関して百科全書的な手法でまとめ上げ、多くの読者の支持を受け、少し古い表現をすれば、洛陽の紙価を高からしめるものとなった。校訂された印刷本でも２巻になる大部なもの（第１巻487ページ、第２巻356ページ、146ページの補論付）だが、それでも３世紀に著された先達の歴史書よりはよほど簡略で扱いやすいものにまとめられた。その後彼はこの成功に気を良くしたのか、次々とより簡潔な版を以下のとおり３種類出した。ただし前二者の校訂作業はまだ行われていない。

＊『聖地情報に関する貴人の宝』　تحفة الكرام بأخبار البلد الحرام

＊『聖地史理解への案内』　هادي ذوي الأفهام إلى تاريخ البلد الحرام

＊『誇り高きマッカ史の摘まれた華』カイロ、西暦2004年。

الزهور المقتطفة في تاريخ مكة المشرفة، القاهرة، 2004م.

こうして簡略版が横行することになるが、さらに別人の著書を挙げる。

محمد بن إسحاق الفاكهي ، أخبار مكة في قديم الدهر وحديثه، مكة المكرمة، 1424 هـ.

本書は上記のアルアズラキーと双璧をなすものとされてきた。ただしアルアズラキーのほうが使いやすさもあってか多く普及した。

＊アルムヒッブ・アッタバリー（694年没）『マッカ（ウンム・アルクラー）情報』エジプト、西暦1982年。

المحب الطبري ، القرى لقاصد أم القرى، مصر ، 1403 هـ.

この著者は、『クルアーン解説』、『預言者たちと王たちの歴史』を著して有名なアブー・ジャアファル・アッタバリー（310年没）とは時代も異なり、別人である。久々のマッカ史叙述復活の端緒となる。

＊タキー・アッディーン・アルファースィー（832年没）『マッカ（アルバラド・アルアミーン）史の貴重な結び目』カイロ、西暦1958-1969年。全８巻。

تقي الدين الفاسي، العقد الثمين في تاريخ البلد الأمين، القاهرة، 1378-1388 هـ.

第１巻の前半はマッカとカアバ聖殿関係に集中しているが、後はマッカの政治家や学識者など各界名士列伝の記述。

＊アフマド・ブン・アリー・ブン・アブド・アルカーディル・アルマクリーズィー（845年没）『聖なる家カアバの建造』ベイルート、西暦2005年。

أحمد بن علي بن عبد القادر المقريزي، بناء الكعبة البيت الحرام، بيروت، 2005م.

創建時代よりアルハッジャージュの時代までを扱っているが、ごく簡略な記述のためか、著名な歴史家の作品ながら他にはあまり影響を与えなかった。

＊ムハンマド・ブン・ファハド・アンナジュム（885年没）『人々へのウンム・アルクラー情報の贈り物』カイロ、在マッカ、ウンム・アルクラー大学出版、西暦1983年。全３巻。

النجم محمد بن فهد، إتحاف الورى بأخبار أم القرى، جامعة أم القرى، القاهرة، 1404 هـ.

編年方式で記述し、最終章はヒジュラ暦830年までカバーしている。

＊イブン・ズハイラ・アルクラシィー（986年没）『マッカの功徳、その人々、誉れ高き家（カアバ）についての親切な全集』ベイルート、西暦1979年。第５版。

ابن ظهيرة القرشي، الجامع اللطيف في فضل مكة وأهلها وبناء البيت الشريف، بيروت ، 1399 هـ.

＊クトブ・アッディーン・ブン・ムハンマド・アンナハラワーリ（988年没）『カアバ聖殿の主役についての情報』マッカ、西暦1996年。

主要参考文献（アラビア語は解題付）

I　アラビア語

マッカ・カアバ聖殿は、古来多数の文献が編まれてきた課題であり、本書の注部分で言及した文献も少なくない。ここでは主要なものの整理と位置づけを試みて、今後の参考に資したい。

なお以下は在マッカ・二聖地図書館（6000件の写本収蔵）において文献調査を行った結果も踏まえている。また没年は、断りないかぎりヒジュラ暦を使用。（詳細な暦年変更のためには、islamic calendar conversion のアドレスで幾種類ものサイトが出てくるが、一般的には当該ヒジュラ暦年×0.97＋622＝西暦年となる。）

1　古典文献

クルアーンや預言者伝承を一次資料としつつ、その他には言い伝え（リワーヤ）あるいは伝説（ウストーラ）、そして各種記録などを参照しつつ歴史叙述が進められてきた。その中でも高い評価と信頼を得て、引用されることも少なくない著名なものを見てみる。

＊アッズバイル・ブン・バッカール（256年頃没）『クライシュ一族とその情報』カイロ、西暦1961年。

الزبير بن بكار، جمهرة نسب قريش وأخبارها، القاهرة، 1381 هـ.

ヒジュラ暦３世紀には、クライシュ族の血統をテーマにして著述することが盛んになったが、上記はその一例。

＊アブー・アルワリード・ブン・アフマド・アルアズラキー（250年頃没）『マッカ情報とその事跡』マッカ、西暦2003年。全２巻。

أبو الوليد بن أحمد الأزرقي ، أخبار مكة وما جاء فيها من الآثار، مكة ، 1424 هـ.

本書はこの分野で高い評価を得ているもので、歴史家が柱のように依拠する文献とされた。校訂本としては、これ以外にベイルートでも出されており、新本の入手は容易である。最後に掲載された多数の写真や関連地図（山、家、泉、溜池、防護壁、道路、史跡、マスジド、３世紀の聖マスジドなど８枚）も有益。

＊ムハンマド・ブン・イスハーク・アルファーキヒー（272年没）『マッカの新旧情報』マッカ、西暦2003年。全６巻。

と。ルクン・アルハジャル・アルアスワド（黒石角）とも言われる。
11, 88, 89, 155, 156, 157, 158, 159

アッルクン・アルイラーキー الركن العراقي：聖殿北東側の角を指す（イラク角）。ただし同角を、シリア角と呼んでいたこともある。11, 89, 155, 156, 158, 159

アッルクン・アルガルビー الركن الغربي：西角の意味で、聖殿北西側の角を指す。現在はシリア角と言われることが多い。11, 156, 158, 159, 224

アッルクン・アッシャーミー الركن الشامي：聖殿北西側の角（シリア角）を指すが、長くは北東側を指していたこともある。その場合には、北西側はアッルクン・アルガルビー（西角）と呼んでいた。11, 89, 103, 155, 156, 158, 159, 224

アッルクン・アルマグリビー الركن المغربي：聖殿北西角（マグレブ角）を指すが、今ではシリア角と言うことが多い。156, 158

アッルクン・アルヤマニー الركن اليمني：聖殿南西側のイエメン角のことで、天国への扉であると言われる。回礼（タワーフ）の際にはそこで右手を差し伸べて挨拶することになっているが、頬摺りや接吻しない点は黒石角と異なる。10, 11, 16, 88, 89, 104, 156, 157, 158, 159, 163, 223, 224, 226

ミーザーブ ميزاب：雨樋のことで、屋根部分よりイスマーイールの囲い所の上に張り出している。約２メートルの長さで金製。57, 89, 162, 163, 165, 191

ミドマーク مدماك：聖殿の壁の積み上げられた石１つの高さのこと。時として、長さの尺度（ほぼ50センチ）としても用いられることがあった。114

ミンバル منبر：説教台のこと。昔は固定されていたが、回礼（タワーフ）の邪魔になるので、現在は電動移動式になった。使用する時だけ聖殿近くに持ち出されるのである。33, 34, 108, 149, 155, 184, 186, 187, 188

ムスタジャーブ مستجاب：応えられる所の意味で、ムスタジャールと同義。156

ムスタジャール مستجار：アッラーにお願いすれば応答があるとされる聖殿の場所で、それは聖殿西側で、扉と反対の地点にあたる。155, 156

ムッダアー مدّعى：祈り場の意味で、ムルタザムと同義。155

ムタアウウィズ متعوّذ：助けを請う所の意味で、ムルタザム、あるいは、ムスタジャールと同義。155, 156

ムルタザム ملتزم：嘆願する場所のこと。本来は聖殿の扉と黒石角の間のところであったが、現在はどの壁も嘆願に用いられる。ヒジュル・イスマーイールも嘆願するに良い場所とされる。11, 155, 156, 159, 199

ムルタジム ملتزم：嘆願する人という意味で、聖殿の壁に身を摺り寄せてアッラーに嘆願する。あるいは巡礼時には混雑もあり、嘆願を代行する人もムルタジムと言う。

リファーダ رفادة：巡礼者への食糧供給係のこと。イスラーム勃興前以来ハーシム家の固有の権利のひとつで、預言者ムハンマドに啓示が下りてその権利は認められた。現在も変わりなく続いているが、現在実際には巡礼時の食料の無償提供は、サダカ（喜捨）の一種としてさまざまな団体、個人も実施している。85, 174

リワーゥ لواء：軍旗係のことで、イスラーム勃興前以来、シャイバ家の固有の権利のひとつであったが、預言者ムハンマドに啓示が下りてそのまま認められた。85, 174

アッルクン・アルアスワド الركن الأسود：聖殿南東の黒石のある角のこ

れた。34, 56, 57, 88, 89, 101, 109, 115, 134, 136, 139, 140, 141, 154, 162, 166, 178, 187, 212, 225

- **マアジャン** المعجن：粘土の場所という意味で、イスマーイールが聖殿建設を手伝って粘土を捏ねた所とされる。イブラーヒームの立処の側で聖殿近くにあった。天使ジブリールが礼拝したとも言われた。130, 188

- **マアーリーク** معاليق：ぶら下がっているものという意味で、聖殿内外のランプのこと。単数形はミウラークだが、複数形のまま用いられるのが普通である。167, 168, 169, 178, 179

- **マカーム** مقام：立つ所という一般的な意味だが、聖殿との関係では、現在は次の項目のマカーム・イブラーヒームを指すことになる。しかしザムザムの給水所が聖殿近くにあった時代には、その給水所の建物もマカームと称されていた。76, 129, 149, 187

- **マカーム・イブラーヒーム** مقام إبراهيم：預言者イブラーヒームの立処と言われ、礼拝の時に立った石とされる。あるいはその石を使って、聖殿の建造にあたったともされる。元来は天国の宝石だったが、天使ジブリールがアーダムの聖殿建設にあたってマッカにもたらしたもの。この石には、イブラーヒームの足跡（長さは約27センチ）が残っている。なお現在、小さな防護楼に入れられているが、その防護楼全体をマカームとも言う。防護楼となる前には、石を守るための小屋があり、その小屋はコッバ（ドーム）と呼ばれていた。10, 11, 31, 34, 64, 74, 76, 77, 104, 108, 126, 129, 130, 131, 132, 134, 135, 136, 149, 155, 179, 184, 185, 187, 189, 198, 217, 225

- **マクスーラ** مقصورة：広くはマスジドの中で要人が座る場所が囲われて、そこを指す名称である。イブラーヒームの立処を囲っていた小屋もこの名前で呼ばれたが、現存しない。108, 135, 184

- **マターフ** مطاف：聖殿周辺の境内で、回礼（タワーフ）する場所という意味。現在は大理石張りになっている。107, 149

- **マハマル** محمل：新しいキスワをエジプトから運ぶ際の飾られた入れ物で、ラクダの背に乗せられた。あるいはそれを運ぶ一団のことを指す。毎年の恒例行事として、鳴り物入りで巡礼路を賑わした。1962年以来はエジプト製のキスワは用いられないので、マハマルの長い歴史も終わりを告げた。152

ーム勃興前以来のものであったが、啓示が下りて預言者ムハンマドにも認められたシャイバ家固有の権利のひとつであった。しかしその後の聖マスジド拡張に伴い、この集会所は撤収された。32, 85, 174

アルバイト البيت：家、館の意味で、クルアーン上も聖殿を指すことが多い。48, 50, 51, 59, 118

アルバイト・アルアティーク البيت العتيق：古来の家、解放された家の意味で、聖殿を指す。22, 49, 50, 51, 229

アルバイト・アルハラーム البيت الحرام：禁忌遵守の聖なる家という意味で、聖殿の別称。48, 49 50, 51, 52, 233

バッカ بكة：叩く、絞める、の意味もあるとされるが、マッカの別称で、とくに聖殿を指した。クルアーン上もマッカと並行して用いられる。20, 21, 42, 49, 51, 64, 67, 82, 90, 92, 129, 229

アルハジャル・アルアスワド الحجر الأسود：黒石のこと。アッラーへの誓約の証となるので、回礼（タワーフ）で7周する際には、毎回挨拶することになっている。元は天国にあった宝石で、アーダムがカアバを建設する時に天使のジブリールが持ってきたとされる。10, 11, 16, 28, 34, 37, 55, 56, 57, 68, 74, 77, 79, 88, 89, 93, 96, 99, 101, 104, 105, 107, 108, 117, 122, 123, 124, 125, 126, 127, 128, 138, 146, 158, 187, 188, 195, 199, 200, 216

ハティーム الحطيم：イスマーイールの囲い所の半円形の石塀のこと、あるいはヒジュル・イスマーイールそのものを指すこともある。この部分は聖殿内部と認識されているので、回礼（タワーフ）の時にはそこを通ることは避ける必要がある。10, 11, 75, 137, 139, 140, 141, 143, 144, 159, 160, 161

ハラム الحرم：聖地の意味だが、聖マスジド、あるいはカアバ聖殿そのものも指して使われる。22, 23, 43, 51, 59, 118, 230, 233

ビイル بئر：一般には井戸の意味だが、マアジャンと同義で同項目参照。85, 90, 188

ヒジャーバ حجابة：覆い布係の意味で、サダーナの項を参照。174

ヒジュル・イスマーイール حجر إسماعيل：イスマーイールの囲い所。イスマーイールの羊小屋の場所とされ、彼とその母ハージャルの埋葬された場所でもある。元は聖殿内部にあったが、クライシュ族再建の時に経費の関係から聖殿の規模が小さくなり、ヒジュルは外部に出さ

コッバ قبة：一般的にはドームの意味。聖殿との関係では、マカーム・イブラーヒームが小屋に入れられていた当時、その小屋のことをコッバと呼んでいた。マカーム・イブラーヒームの項参照。149

サビール سبيل：一般的には給水所の意味、ザムザムの泉のすぐ上に設けられていた給水所だが、現存しない。その建物はマカームとも呼ばれた。108, 127, 149, 155, 184, 185, 190

サダーナ سدانة：聖殿の鍵管理職で、イスラーム勃興前以来の職。啓示が下りて預言者ムハンマドにも認められたシャイバ家の伝統的な権利のひとつで、現在も変わりなく続いている。覆い布（キスワ）の入れ替えなどの責務も負っているので、ヒジャーバ（覆い係）とも呼ばれる。大変な名誉職であり、終身長兄世襲制。84, 173, 174, 175, 177, 180

ザムザム زمزم：恵みの水として有名。巡礼者の土産としても喜ばれ、またそれは預言者ムハンマドの例に倣うことにもなる。現在も豊富な水量を誇っている。ザムザミーは給水係のことで、スィカーヤの指揮下に入る。10, 56, 76, 86, 87, 108, 111, 114, 116, 126, 127, 142, 145, 146, 147, 148, 149, 155, 165, 174, 177, 184, 185, 191, 195, 198, 202, 223, 229, 238

ジュッブ جب：一般には穴の意味だが、マアジャンと同義で同項目参照。188

シャーザルワーン شاذروان：聖殿の土台部分で、白い大理石造りである。地面からの湿気防止や、虫の侵入を防ぐために設けられた。一般にはこの土台部分も聖殿の内部であると考えられ、したがってそれに寄り添うような回礼（タワーフ）は認められない。57, 101, 109, 156, 159, 160, 161, 163

スィカーヤ سقاية：ザムザム水管理の職。イスラーム勃興前以来の職で、預言者ムハンマドに啓示が下りて認められたハーシム家固有の権利の一つとして、現在も変わりなく続いている。85, 146, 174

スィタール ستار：一般にはカーテンの意味だが、聖殿戸口に掛けられている金銀刺繡の施された覆い布を指す。これもキスワの一部として扱われている。109, 168

タジュリード تجريد：元来は、裸にする、という意味で、動詞はジャッルラダ。イフラームと同義に用いられるので同項目参照。152

ダール・アンナドワ دار الندوة：クライシュ族の集会所のことで、聖殿近くに設けられた。あるいはその集会所の管理職を指し、それはイスラ

索引 カアバ聖殿関連アラビア語用語

（本文中、アラビア語でなければ、その日本語訳を使用）

アジュヤード أجياد：覆い布（キスワ）の国立製造工場のある地名。マッカ市東南の方向にある。西暦1928年に建設されたが、従来の慣行を重んじて引き続きエジプトのタンヌース製が使用された。アジュヤードからのキスワが使用された初めは1962年からであった。82, 107, 109, 153, 168, 180

アフサフ الأخسف：元来は隠れ場の意味だが、マアジャンと同義で同項目参照。188

アブラク الأبرق：最も輝けるもの、の意味で、聖殿内の宝物のこと。179

イフラーム إحرام：カアバ聖殿の覆い布の下２メートルほどを、巡礼月上旬に捲り上げること。裏地の白色が外に見える格好になる。キスワを切って持ってゆく人がいたので、この習慣が生まれたと言われる。元来は巡礼の時に禁忌を守る状態、あるいはその際の２枚の白い巡礼着のことであり、聖殿が白衣を着て禁忌を守るという比喩的な発想である。152, 221

ガブガブ غبغب：元来は飲むという意味で、マアジャンと同義で同項目参照。188

カンズ كنز：宝物の意味で、金銀、宝石、香料など各国より聖殿に寄贈されたもの。かつては聖殿内入り口の右横にその保存場所として、穴が掘られていた。多くは消失したが、管理の責任はサダーナであるシャイバ家があたる。アブラクという別称もあることについては上述のとおり。82, 89, 174, 178, 179

キスワ كسوة：聖殿の覆い布のこと。聖殿を覆うのは、古来のアラブの風習。現在は毎年新調され、使用済みのものは世界各地への記念贈答品となっている。10, 41, 56, 75, 95, 104, 105, 107, 109, 111, 126, 140, 149, 150, 151, 152, 153, 154, 160, 167, 168, 170, 173, 179, 180, 184, 202, 204, 240

キヤーダ قيادة：戦闘指揮をする権利。イスラーム勃興前後の時期にはハーシム家の権利のひとつで、同家の権利として預言者ムハンマドに啓示が下りて認められた。86, 174

著者紹介

水谷　周（みずたに　まこと）

1948年、京都生まれ。イスラーム研究家。京都大学文学部卒業、米国ユタ大学中東センター博士（歴史）。アラブ イスラーム学院学術顧問。日本にもなじみやすいイスラーム信仰の紹介を目指す。

著書に『イスラーム信仰とアッラー』知泉書館、2010年。『アフマド・アミーン自伝（解説・訳注）』第三書館、1990年。*An Intellectual Struggle of a Moderate Muslim; Ahmad Amin,* Cairo（エジプト文化省），2007.『日本の宗教—過去から未来へ』（アラビア語）ダール・アルクトブ・アルイルミーヤ社、ベイルート、2007年、など。

イスラームの原点《げんてん》—カアバ聖殿《せいでん》　ISBN978-4-336-05207-0

平成22年10月15日　初版第1刷発行

著者　水谷　周

発行者　佐藤今朝夫

〒174-0056 東京都板橋区志村1-13-15

発行所　株式会社　国書刊行会

電話 03(5970)7421　FAX 03(5970)7427

E-mail: info@kokusho.co.jp　URL: http://www.kokusho.co.jp

落丁本・乱丁本はお取替えいたします。　印刷 モリモト印刷㈱　製本 ㈱ブックアート

イスラーム信仰叢書　全10巻

総編集　水谷　周　協力　樋口美作

2010年4月より隔月刊

定価：2625円（税込）より

1

水谷周著

イスラーム巡礼のすべて

三〇〇万人を集める巡礼はイスラーム最大の行事であり、一生に一度は果たさなければならない信者の義務である。この巡礼の歴史、儀礼、精神面などを総合的に扱った、わが国最初の本格的解説書。

2

水谷周訳著（アルジャウズィーヤ原著）

イスラームの天国

イスラームの人生観は、最後の日の審判にどう臨むか、その日に備え、どれだけ善行を積むかということに尽きる。その天国の様を描いたことで知られる古典を摘訳し、注釈を付す。

3

アルジール選著／水谷周・サラマ サルワ訳

イスラームの預言者物語

預言者ムハンマドはアッラーの使徒として啓示を伝えた。その預言者の人となりや、ムスリムにとっていかに敬愛すべき存在かを、アラブ・ムスリム自身の言葉で綴る。生の声を聞く貴重な機会。

4

水谷周著

イスラームの原点―カアバ聖殿

イスラームの礼拝の方向はカアバ聖殿であり、その歴史は人類の祖アダムに遡るとされる。秘儀に満ちたカアバ聖殿の歴史と種々の事跡について、わが国で初めてアラビア語文献を渉猟して執筆。

5

イスラーム建築の心―マスジド

水谷周著

イスラーム建築の粋は礼拝所であるマスジド（モスク）である。いかに豪華、壮大、多様であっても、その中核的な心は、礼拝における誠実さ、忍耐、愛情、禁欲、悔悟などの徳目に力点が置かれる。

6

イスラームと日本人

飯森嘉助編著

イスラームは日本人にとって、どのような意味を持ちうるのか。イスラームと日本人の接点を回顧し、今後の可能性と問題をまとめる。（飯森嘉助、片山廣、最首公司、鈴木紘司、樋口美作、水谷周）

7

イスラームと女性

河田尚子編著

イスラーム本来の教えでは、男女平等が唱えられている。何が問題になるのか、教えの基本に立ち返って論じる。（金山佐保、齊藤力二朗、前野直樹、永井彰、松山洋平・朋子、リーム・アハマド他）

8

イスラーム成立前の諸宗教

徳永里砂訳著

イスラームの登場した紀元七世紀以前のアラビア半島の宗教状況は、従来、ほとんど知られていなかった。わが国で初めて本格的にこのテーマに取り組む。（徳永里砂、アブドゥル・ラティーフ）

9

イスラーム現代思想の継承と発展

水谷周著

イスラームの現代における政治、社会思想は、どのように継承発展させられているのか。著名な学者父子の思想的な関係を通じて実証的に検証し、アラブ・イスラム社会の家族関係の重要性も示唆。

10

イスラーム信仰と現代社会

水谷周編著

政治、経済、そして安楽死や臓器移植など、現代社会を取り巻く多岐にわたる諸問題に、イスラーム信仰の立場から、どのように捉え対応していくべきかに答える。（奥田敦、四戸潤弥、水谷周他）

アラビア語翻訳講座　全3巻

水谷　周　著

中級学習者のためのアラビア語テキスト

これまでなかった独学可能なテキスト！

アラビア語を実践力にする待望のレッスン本

アラビア語翻訳講座を全3巻に収録。

全3巻

❶ アラビア語から日本語へ　　　　　B5判・並製・約200ページ　定価：1470円(税込)
❷ 日本語からアラビア語へ　　　　　B5判・並製・約110ページ　定価：1365円(税込)
❸ 総集編　　　　　　　　　　　　　B5判・並製・約110ページ　定価：1365円(税込)

❶ バラエティに富んだ素材──
新聞語、文学作品、アラブ人の作文練習帳に出てくる伝統的文体──

❷ 政治・経済・文化……日常的に接するほとんどの分野をカバー!!
単語集、表現集としての活用も!!

❸ 前2巻の総ざらい──
文章構成・成句・伝統的言い回し、発音と音感まで……。

アラビア語の歴史

アラビア語は世界最大クラスの言語!!

「クルアーン」の言語である

アラビア語の源泉から現代まで解説。

——アラビア語史の画期的入門書

四六判・並製・200ページ　定価：1890円（税込）

水谷　周　著

【収録内容】アラビア語の出自—セム語について、イスラーム以前の状況、イスラーム以降の充実…文字と記述法の成立・文法整備・辞書の編纂…、アラビア語拡充の源泉、アラビア語文化の開花—詩・韻律文・そして散文、アラビア語の地域的拡大、アラビア語の語彙的拡大、近代社会とアラビア語、現代アラビア語の誕生、アラビア文字と書体例、分野別アラビア語辞書一覧（注釈付）、アラブ報道と現代史……